25 avenue Montaigne

Werner Küchler

25
avenue Montaigne

Albin Michel

Pour mes petits-enfants et mes enfants.
Fier et heureux de laisser ce témoignage d'une époque
où tous les rêves, même pour un jeune Allemand,
étaient possibles.

« Celui qui a rendu un service doit se taire ; c'est à celui qui l'a reçu de parler. »

Sénèque

Sommaire

Introduction

Cinquante ans au Plaza Athénée, palace parmi les plus prestigieux de Paris. Une vie, des histoires fascinantes, une expérience unique. Lorsque je poussai timidement l'impressionnante porte du 25 avenue Montaigne pour y travailler, du haut de mes vingt ans, je ne mesurais pas du tout ce qui m'attendait.

Tout ce qui m'entourait n'était qu'émerveillement à mes yeux, le cadre opulent et raffiné, les robes sublimes des femmes, le ballet élégant des employés…

J'allais être le témoin privilégié d'un monde qui m'était jusqu'alors totalement inconnu. Le luxe, la richesse, la célébrité. Un monde avec ses propres règles, non écrites, qu'il m'aura fallu déchiffrer patiemment pour apprendre à m'y comporter. Un monde où tout est démesuré, souvent excessif…

J'ai été tour à tour ébloui, charmé, déçu, réconforté, au fil des rencontres que j'ai pu faire. J'ai croisé des destins hors normes, des étoiles filantes qui se sont consumées, et des succès qui ont duré. Le Plaza a fait de moi l'homme que je suis, et j'y ai modestement laissé mon empreinte.

« Werner », ainsi m'appelaient les clients ! Certains, devenus des amis chers, m'ont rendu heureux. Heureux d'avoir pu, pendant quelques heures, leur faire vivre un moment unique, à chaque fois renouvelé, dans un lieu mythique où pouvaient se croiser stars internationales, têtes couronnées, P-DG en vue ou hommes de l'ombre. C'est cette ambiance chaleureuse où les rapports entre les clients et le personnel étaient si particuliers, que je fais revivre dans ces pages, pour rendre à tous ceux que j'ai croisés un peu de ce qu'ils m'ont donné*.

Werner Küchler
Avril 2022

---

* Ce sont ces rapports qui m'ont amené à modifier certains noms au fil du récit.

1

Gainsbarre

Les années 80. Fastueuses, intenses, frivoles. Le Plaza incarnait totalement, à sa manière, cette furieuse envie de vivre, de faire des rencontres.

Un de mes clients, de ce point de vue, arrivait toujours à nous surprendre. C'était en général après minuit :

– Alors, cher directeur, la nuit va être courte.

– Oui, monsieur Gainsbourg… Courte mais belle !

Serge terminait lentement, quasi religieusement, son apéritif, un Ricard ou un dry Martini, accoudé au bar, une éternelle Gitane à la main gauche. Il saluait Christophe, son barman préféré, puis allait rejoindre ses amis à table. Il s'intéressait assez peu à la nourriture, une bonne ambiance était ce qui lui importait le plus. Il était très doué pour créer une atmosphère amicale. On pouvait entendre sa voix grave, reconnaissable entre mille, vibrer dans le restaurant, et lorsqu'une cliente, en partant, le regardait d'une façon trop insistante il lâchait immanquablement un « Gros boudin ! » avec un sourire qui lui déformait la bouche.

Je ne sais pas comment il faisait mais jamais cela ne sonnait comme une insulte. C'était un compliment à la Gainsbarre !

Après quelques verres, il se dirigeait vers le piano. Deux heures du matin, la soirée n'avait pas encore commencé… Adossé au bar, j'invitais l'ensemble de mon staff à me rejoindre. J'étais fier de pouvoir leur offrir ce spectacle étonnant. Il jouait, lorsqu'ils étaient là, pour ses amis : Françoise Sagan, Jacques Dutronc, Louis Chedid, Bambou, et bien d'autres.

– Tiens, écoute celle-là, elle est peut-être pour toi, lançait-il à l'un de ses complices.

Nous assistions ainsi, sans le savoir, à la naissance de futurs succès. Les clients encore présents s'approchaient du bar, happés par l'ambiance unique de ces moments. Gainsbourg au piano, les hauts plafonds, l'immense lustre Art déco, la fresque de Diane chasseresse datant des années 30, une acoustique merveilleuse… C'était « *the inspiration corner* » où tant d'événements magiques arrivaient au fil des ans. Tandis qu'il jouait, personne ne s'approchait de lui, il y avait un côté très solennel.

Une autre de ces nuits si particulières, il vint accompagné de Screamin' Jay Hawkins, un musicien de blues américain, compositeur de *I Put A Spell On You*. L'image était assez saisissante : les deux hommes jouant à quatre mains, l'Américain avec un os qui lui transperçait le nez, et chantant une chanson au titre évocateur, *Constipation Blues*, en imitant des bruits très équivoques. Ironie du sort, Screamin' Jay Hawkins est mort quelques années plus tard d'une occlusion intestinale…

En règle générale, vers trois heures du matin, la plupart de ses amis partaient. Seule restait Françoise Sagan, avec qui il s'engageait dans des conversations très codées. J'étais frustré de ne pas pouvoir saisir toutes les subtilités de cette belle langue française, et répondais de façon systématique par des « bien entendu », « avec plaisir » ou « j'ai compris » lorsqu'ils s'adressaient à moi. J'avais l'impression de mieux comprendre leurs chiens respectifs, qui, se sentant ignorés et trouvant certainement que la soirée traînait en longueur, se mettaient à aboyer.

Serge se retrouvait souvent le dernier. Pendant quelques minutes, il philosophait seul ou avec nous. Sa chienne Nana, une bull-terrier, se mettait alors debout sur ses pattes arrière et se mettait à « chanter ». C'était le signal, Serge s'exécutait et quittait les lieux. Nous lui proposions de lui appeler un taxi, il déclinait l'offre, son chauffeur l'attendait, disait-il.

– J'aimerais inviter votre chauffeur à se joindre à nous, lui dis-je justement un soir de printemps.

– Werner, viens avec moi, je vais te le présenter, me répondit-il en riant.

Nous voilà partis le long de l'avenue Montaigne, nous tournons à droite dans la rue François-Ier, puis la rue Jean-Goujon. Nous arrivons devant un commissariat, il s'y engouffre en s'exclamant :

– Messieurs, je suis prêt !

Je le vis s'éloigner et me saluer à travers la vitre arrière de la fourgonnette de police, sous l'œil amusé des agents qui le ramenaient chez lui… Ce fut la dernière fois que je le voyais.

C'est Gainsbourg qui m'a donné envie de lancer des soirées jazz au Plaza, et m'a conforté dans cette idée quand je l'ai fait.

Une dizaine d'années plus tard, je suis chargé d'organiser à Brunei une semaine gastronomique française dans l'hôtel Imperial du sultan. Je propose de venir avec mon pianiste, Serghei Trocin, afin d'animer des soirées. Je devais alors soumettre les textes des chansons que j'allais interpréter à un comité de religieux très stricts. Mais Sergueï n'ayant pas eu son visa à temps, un des employés sur place prépare une playlist de grands succès français à diffuser pendant le dîner. Le premier soir, tandis que je découpe un carré d'agneau pour les clients, une mélodie retentit dans les haut-parleurs de la salle : « Je vais et je viens… entre tes reins, et je me retiens… » Étonnant que le comité de censure ait laissé passer une telle chanson… C'était surréaliste. Serge m'a fait rire, encore une fois, vingt ans après son départ…

J'aimais la façon qu'il avait de parler de l'amour charnel, cette sensation de liberté, l'absence de tabou. Plus jeune, j'avais vécu des expériences hautes en couleur dans mon pays natal, des souvenirs que l'on n'oublie pas…

2

Strangers in the night

Des étrangers dans la nuit, c'est ce que nous sommes peut-être tous à un certain moment. J'adore cette chanson, Sinatra et sa voix de miel un peu éraillée : « *Strangers in the night, exchanging glances, wandering in the night, what were the chances we'd be sharing love…* »

C'est à mes yeux le symbole d'une époque à jamais révolue, pleine d'élégance et assortie d'une pointe de nonchalance. Avec *Fly Me To The Moon*, *Strangers In The Night* est l'un des hits les plus chers à mon cœur.

J'avais dix-huit ans lorsque je l'ai entendue pour la première fois. Quelques mois avant que je prenne ma valise pour partir à la « conquête » de Paris, j'étais à Düsseldorf. J'avais trouvé un emploi de barman à l'hôtel Esplanade. C'était mon premier jour et j'avais été dans l'impossibilité de trouver à me loger. Après mon service, j'errai dans les rues quasi désertes, à la recherche d'une hypothétique chambre.

Sans vraiment savoir pourquoi, je poussai la porte d'un immeuble délabré. Les lumières, la musique, quelque chose m'attirait vers cet endroit. À peine entré, je fus au paradis. Une dizaine de jeunes femmes très légèrement vêtues arpentaient le salon en me fixant dans les yeux. J'étais troublé et un peu perdu. L'une d'elles me prit par la main et me guida vers une large banquette au fond de la salle. Spectateur novice et fasciné, j'observai le défilé des messieurs en costume qui braillaient comme des paons à la saison des amours auprès des belles de nuit. Régulièrement elles venaient me voir, chacune à son tour, me passant la main dans les cheveux avec tendresse.

– *Wie geht's dir, mein Schatz?* (Comment vas-tu, mon trésor ?)

Je détonnais dans cet environnement. Mon cœur battait la chamade. La nuit s'étirait comme si demain n'existait pas. J'étais tombé immédiatement en amour de cet univers.

Les soirs qui suivirent, après mon travail, je retournai dans ce délicieux endroit. J'avais trouvé une chambre juste en face ! J'apportais des pâtisseries de l'hôtel où je travaillais que j'offrais aux « filles ». En échange, elles me faisaient des prix sur les boissons. J'avais désormais un petit rituel, je glissais une pièce dans le juke-box et sélectionnais *Strangers In The Night*, plusieurs fois dans la soirée. Elles finirent par me surnommer « Sinatra ». Un verre de whisky à la main, en costume-cravate, je me laissais aller à de doux rêves sur la mélodie.

Je connaissais le prénom de chacune d'entre elles. Elles me parlaient très librement, de certains clients indélicats, de leur vie, et moi du plaisir d'avoir trouvé ma voie. Lors de mes journées de repos, j'invitais mes nouvelles amies à prendre une glace sur la fameuse Königsallee, l'avenue du Roi, la plus belle de Düsseldorf. J'adorais les faire rire, et rendre chaque moment inoubliable. Nous allions aussi pique-niquer au bord du Rhin. Voir ces corps magnifiques se dénuder et nager dans le fleuve me rendait heureux.

Ce bonheur allait être de courte durée. De nombreux clients commencèrent à se plaindre de moi auprès du propriétaire. Ils n'en pouvaient plus de ce jeune homme qui se prenait pour un crooner et monopolisait l'attention des filles.

Il était temps de changer de vie…

3

Room service

Tous ces clients si différents appartenaient à un titre ou à un autre à ce monde de la nuit dans lequel j'avais fait mon entrée à Düsseldorf. Les « belles », la musique qui ne s'arrête jamais, c'était comme la promesse d'un éternel crépuscule ardent. J'étais conquis, je savais au fond de moi que je retrouverais cette atmosphère si particulière au cours de mes aventures parisiennes.

J'ai toujours voulu le meilleur, où que je sois. D'où me vient ce goût ? Impossible de me l'expliquer. Et le meilleur en ce temps-là, c'était l'hôtel Plaza Athénée. Ils étaient les premiers à avoir l'air conditionné dans les chambres, une révolution ! Il fallait absolument que j'arrive à y travailler.

Je fis le pied de grue devant pendant un mois, j'essayais d'avoir un entretien avec le directeur. Ma persévérance finit par payer. Le directeur Paul Bouguenaux me reçut dans son bureau, il habitait un appartement dans l'hôtel. Il était malade comme un chien ce jour-là, simplement vêtu d'un pyjama et d'un foulard noué autour du cou, mais il avait tenu à me rencontrer. Mon enthousiasme, une forme d'inconscience due à mon jeune âge et de bons échos de mon passage dans l'hôtel d'une grande chaîne internationale le séduisirent. J'intégrai le room service de nuit… Une nouvelle vie commençait, avec ses contraintes : vivre « à l'envers » de tout un chacun, dormir le jour, ne plus voir les copains, faire passer sa vie de famille au second plan, quand on en a une.

S'occuper des clients la nuit demande une approche un peu spéciale et beaucoup de psychologie. Derrière chaque porte, vous entrez dans l'intimité de parfaits inconnus. Vous devenez, au choix, un intrus, un confident, un voyeur, un objet. J'essayais autant que possible de me renseigner sur les personnes qui occupaient les chambres que je devais aller « visiter » pour leur apporter à boire, à manger. Il y eut Mick Jagger, qui faisait la fête avec l'acteur Helmut Berger, Kadhafi, avec ses « amazones » qui me fouillaient des pieds à la tête avant que je puisse entrer, ou Ray Charles, à qui j'ai servi de choriste pour qu'il puisse répéter une chanson. Autant de situations inhabituelles, exceptionnelles parfois, où je devais m'adapter instantanément.

Il y avait aussi les excités. Un habitué, qui logeait dans un des appartements les plus chers du palace, commande de l'alcool et des glaçons. Je frappe, il répond, j'entre et me dirige vers le minibar qui est au ras du sol, je dois donc m'agenouiller pour le remplir. Soudain, l'homme se dresse devant moi, totalement nu, en érection.

La colère monte en moi, j'ai envie de lui coller mon poing dans la figure. Si je cède à mon instinct, c'en est fini de ma jeune carrière. Je jette un œil sur son bas-ventre, puis le fixe droit dans les yeux.

– Ma femme vient d'accoucher d'un magnifique bébé de trois kilos, lui dis-je. Je vois que vous êtes bien mal foutu, vous devez avoir un problème avec ça…

L'effet fut immédiat, l'excitation de ce monsieur retomba aussi vite, je ressortis sain et sauf.

Quatre bouteilles de Cristal en magnum, deux de vodka, quatre boîtes de caviar Beluga, un grand assortiment de pâtisseries. Une telle commande à une heure du matin n'est pas rare… Mon collègue la prenait au téléphone, tandis que je me reposais sur le petit lit de camp installé dans notre bureau. Je me levais immédiatement, me repeignais, ajustais ma veste et ma cravate, et en avant avec la grande table à rallonge !

Inutile de frapper, personne n'aurait répondu. J'entrai, une dizaine de corps nus étaient enlacés de façon acrobatique un peu partout. Des rock stars et leurs groupies. J'eus l'impression que tout cela était irréel, comme dans un film, ou un rêve très excitant. Le jeune gars d'un village perdu de Bavière se retrouvait parmi ces artistes mondialement connus en train de s'adonner aux plaisirs de la chair…

J'ouvris délicatement les bouteilles, les boîtes de caviar avec tout le sérieux nécessaire mais j'étais de plus en plus troublé à la vue de toutes ces jolies femmes. Le leader du groupe s'en aperçut, il me proposa de les rejoindre…

Cela dit, toutes les nuits n'étaient pas comme celle-ci, qui fut quand même exceptionnelle. La majorité des clients dormaient la nuit. Ou, lorsqu'ils arrivaient tard, avec le vol New York-Paris par exemple, c'étaient des commandes plus sages : omelette, salade, verveine. Rien de bien excitant.

Dans un tout autre style, un producteur de cinéma adorait organiser des combats de boxe dans l'appartement qu'il louait. Son secrétaire partait chercher des clochards afin d'y participer contre rémunération. Le perdant était attaché, les mains liées dans le dos, contre une porte. Les invités lui lançaient des gâteaux à la crème sur la figure. Le gagnant avait droit à une douche, des habits neufs et beaucoup d'argent. La compagne du producteur se chargeait de le récompenser à sa façon… Deux à trois « combats » avaient lieu chaque nuit, plusieurs fois par an. Ce rituel dura longtemps.

Le producteur s'acquittait des frais de remise en état des chambres, entièrement saccagées, ainsi que des nuits offertes aux voisins qui n'avaient pas pu fermer l'œil.

La nuit peut être belle, elle sait être cruelle aussi parfois.

Après deux ans je suis passé en « jour ».

Nous avions acquis le titre du service le plus rapide du monde dans la galaxie de nos clients venus des quatre coins de la planète. Le challenge était important, nous étions rémunérés au pourcentage, plus le client consommait, plus nos salaires étaient élevés.

À chaque étage, nous avions un office où les tables de petit-déjeuner étaient prêtes. Ne restait plus qu'à y ajouter les boissons chaudes, les viennoiseries et les jus de fruits. Moins de trois minutes après sa commande, le client était servi. Cela pouvait occasionner des scènes cocasses lorsque nous entrions aussi vite. Des couples en pleins ébats, ou une comtesse aux longs cheveux noirs qui sortit de son lit, nue, me demandant de lui apporter sa robe de chambre, et m'invita à boire un café avec elle.

J'adorais travailler au room service ! C'était les années 70, un monde nouveau s'ouvrait, plein d'espoir, d'insouciance, tout le monde avait du travail. Et il ne fallait pas une demi-heure comme c'est trop souvent le cas aujourd'hui pour obtenir un chocolat chaud. J'étais tellement heureux de vivre en France…

Il y avait à cette époque de « grandes » familles, dont les plus anciennes générations séjournaient chez nous à l'année, avec leurs propres meubles, leurs tableaux. Ils y recevaient leurs enfants et petits-enfants, et je finis par bien connaître chacun. Des liens très forts se créèrent entre nous. J'ai même assisté pour certains à leurs dernières volontés avant qu'ils ne s'éteignent dans leurs draps de soie.

Ces séjours de « longue durée » donnaient lieu à des

scènes mémorables. Lorsque ces clients partaient, leur appartement ressemblait à un vide-greniers. La femme de chambre et le garçon d'étage s'arrangeaient toujours pour être là, quitte à devancer l'heure de prise de poste. Et commençait la distribution des vêtements, chaussures et objets, souvent tous quasi neufs, dont nos généreux hôtes ne voulaient plus. J'héritai ainsi d'un superbe vélo qui avait servi quelques fois à Monsieur pour se balader dans Paris, ou de dizaines de bouteilles d'apéritifs et de digestifs hors de prix.

Une sorte de course s'était créée entre les femmes de chambre, les garçons d'étage et les bagagistes. Ces derniers étaient les premiers à savoir quand les clients allaient partir. Ils récupéraient les bagages à l'aide d'un chariot, descendaient puis remontaient à toute vitesse, munis d'un carton vide, dans l'appartement. Premier arrivé, premier servi, telle était leur devise ! Comme dans toute compétition, le plus astucieux ou rusé pouvait gagner. La femme de chambre entendait le bruit du chariot dans le couloir, elle se précipitait alors vers l'appartement avec le garçon d'étage. Le bagagiste perdait la « manche », il repartait penaud avec les bagages tandis que l'équipe gagnante récoltait les fruits de la victoire.

Au bout d'un certain temps, les bagagistes demandèrent à la direction de renouveler les chariots, au prétexte qu'ils étaient trop lourds et peu pratiques. Demande acceptée, l'équipe des bagagistes s'employa à graisser tous les joints de leurs nouveaux chariots, les rendant aussi silencieux que des chats affamés à l'approche d'une souris dodue. Jeu, set et match.

Il ne s'agit là que d'un des nombreux exemples des liens quasi amicaux qui finissaient par se créer avec certains clients réguliers. Il nous est arrivé à tous de rentrer plus tôt de vacances afin d'accueillir telle personne, ou telle famille, qui nous appréciait particulièrement. J'ai fait plusieurs déplacements à Genève, à Londres ou à Los Angeles pour aller chercher des clientes qui avaient peur de voyager seules. C'est aussi ça, la vie de palace ! J'ai eu la chance de découvrir, dans des conditions très luxueuses, des pays, des univers qui m'étaient totalement inconnus.

Artistes, financiers, joailliers, mon cercle de relations s'élargissait un peu plus chaque jour. J'acquis ainsi peu à peu une certaine aisance dans ce monde fermé au commun des mortels. Je me rappelle en particulier une Américaine. Une grande femme blonde, très élégante, elle me faisait penser à Sharon Stone. Elle avait fait fortune dans la haute joaillerie et aimait me faire participer, en témoin un peu naïf, à ses achats de diamants bruts à Anvers. Entouré d'hommes habillés de noir penchés sur des papiers pliés de façon à laisser découvrir ces petits cailloux étincelants, j'entendais parler de sommes qui dépassaient l'entendement. Cependant mon étonnement s'émoussa peu à peu et fit place à l'ennui. Ce n'était pas mon monde, j'avais besoin de retourner sur terre.

Six mois plus tard, un client me fait appeler dans son appartement. Âgé, de petite taille, il se tenait voûté.

– Ma femme m'a dit quel soin vous avez apporté à vous occuper d'elle et m'a fait l'éloge de vos bonnes manières…

Je commençais à me sentir très mal à l'aise. Il me propose un verre, je décline. Où veut-il en venir ?

– Nous aimerions beaucoup que vous veniez vous installer avec nous à Los Angeles.

J'étais perdu. La porte de la chambre s'ouvre, « mon » Américaine entre, toujours aussi belle. Mon cœur s'arrête, ou bien battait-il à deux cents à la minute, je ne sais plus.

– Je suis âgé, Werner, nous n'avons pas d'enfants… Nous cherchons quelqu'un pour épauler ma femme…

Ils me fixaient tous les deux. Aucune émotion ne se lisait sur leur visage. J'eus envie de m'enfuir en courant.

– Merci pour votre proposition, je vais y réfléchir et vous donnerai une réponse avant la fin de votre séjour.

À la même époque, un grand industriel allemand avait pour habitude de venir accompagné de sa jeune épouse. L'amant faisait partie du voyage, et rejoignait la belle une fois le mari endormi. Jusqu'au jour où le bellâtre est tombé par la fenêtre de sa chambre d'hôtel à New York…

Après réflexion, j'ai annoncé à mon couple de joailliers que je préférais rester travailler au Plaza.

Je me suis souvent demandé pourquoi j'inspirais autant confiance aux clients. Peut-être est-ce le fait de ma retenue, héritage de mes origines… Toujours est-il que j'étais celui que l'on choisissait lorsqu'un chef d'État ou un roi venait pour recevoir en privé ministres, industriels, ou trafiquants en tous genres. J'assurais alors le service, du petit-déjeuner au dîner. C'était fascinant d'assister en témoin, à jamais muet, à des négociations par nature confidentielles.

Lorsque ces hôtes de marque repartaient, j'avais droit à un clin d'œil complice, ou à une petite remarque sympathique pour me remercier de ma discrétion. Il m'est souvent arrivé d'être suivi par des journalistes, ou prétendus tels, en sortant du Plaza. Ils savaient à qui j'avais accès et essayaient de me soutirer quelques informations sur des personnalités, John Travolta, le roi du Maroc, Michael Jackson, entre autres. Je tenais à ma réputation de tombe et ne lâchai jamais rien.

Chaque jour passé au room service était l'occasion d'apprendre, de se perfectionner, et de profiter de la vie… L'arrivée d'une nouvelle clientèle en provenance du Moyen-Orient allait ainsi me donner l'occasion de goûter à ce qui se faisait de meilleur dans la gastronomie française.

Nos nouveaux clients occupaient tout un étage pendant une semaine. Fort nombreux, ils se réunissaient pour boire du thé, discuter, fumer et manger toute la journée dans l'appartement 609 donnant sur l'avenue Montaigne… D'étranges créatures entièrement voilées déambulaient dans les couloirs. Toutes les quatre-vingt-dix minutes, nous devions débarrasser les tables, même celles où aucun plat n'avait été goûté, faire faire un nettoyage rapide et amener de nouveaux mets, en grande quantité. Je remarquai assez vite que la table que j'installais à l'entrée de l'appartement n'était jamais « touchée ». Je voulus en avoir le cœur net.

Je commandai trois langoustes avec accompagnement, et dressai la table de l'entrée. Quand je revins, les cloches recouvraient toujours les langoustes. Avec mes deux collègues, nous nous installâmes dans notre petit bureau pour déguster les crustacés, une première délicieuse pour moi. Le directeur général de l'époque, Paul Bougenaux, habitait dans l'hôtel avec son épouse. Pour annoncer sa venue, il sifflait l'air du *Bon, la Brute et le Truand* dans le couloir. Nous eûmes à peine le temps de recouvrir les langoustes d'une nappe, mais les pinces dépassaient. Il s'en aperçut mais ne dit rien, les clients étaient très satisfaits de nous, cela lui suffisait. L'exercice malicieux se répéta ainsi plusieurs jours. Je découvris le foie gras, le caviar, les soles et les turbots, toute la carte du restaurant y passa !

Le règlement de leur séjour était un vrai spectacle. Devant la caisse principale, des hommes leur apportaient des valises remplies de billets de 500 francs, ils réglaient tout en cash, sans vérifier les factures, qui étaient nombreuses. Nous avions droit à des pourboires très généreux.

Et puis, un jour, nos clients du Moyen-Orient revinrent flanqués de secrétaires anglais qui contrôlaient tout. C'en était fini des langoustes et du caviar… Retour à la cantine de l'hôtel, qui d'ailleurs était très bonne.

Une page se tournait.

4

Le guépard s'invite au Relais

Il arrive à l'heure du déjeuner. Il s'approche de sa table et laisse glisser sa gabardine le long de ses épaules. J'ai juste le temps de l'attraper avant qu'elle ne tombe sur le sol. Tous les yeux sont rivés sur le plus bel homme du monde. Il est debout, dans un magnifique pull blanc, souriant à ses admirateurs. Alain Delon ne laisse pas indifférent. Un magnétisme animal, l'intensité de son regard, tout est quasi parfait. Le Relais est à cet instant « *the place to be* ».

Quelques hommes d'affaires habituellement si pressés commandent un autre café tandis que les femmes sortent discrètement leur rouge à lèvres. Et comme par hasard les membres de la direction de l'hôtel apparaissent et nous rendent visite. Un vrai défilé !

Quant à moi, je remarque un détail qui n'en est pas vraiment un…

Le Relais a une tradition, une règle devrais-je dire, qui date de son ouverture en 1936 : le port de la veste y est obligatoire. J'avais déjà fait une concession sur le port de la cravate, ce qui m'avait valu les foudres d'une partie de la clientèle, qui estimait que l'on trahissait l'esprit de la maison. J'avais installé un portant dans mon bureau, où étaient accrochés une large gamme de blazers de toutes les tailles ainsi que quelques cravates, au cas où. Ainsi, quotidiennement, j'habillais un client « démuni ». À la longue, j'arrivais à deviner la taille exacte de chaque personne avant d'aller lui chercher une veste.

Opération délicate que de signifier à un client qu'il va lui falloir se plier à la règle. Il faut une sacrée dose d'assurance. Certains l'ont refusée et ne sont jamais revenus. Quant à ceux qui ont fini par accepter, ils se faisaient un malin plaisir de me faire signe lorsqu'ils voyaient un client entrer sans veste. C'était devenu un jeu pour certains : voyons voir comment « notre cher Werner » va s'en sortir cette fois-ci !

Quelques personnages ont été de vrais challenges : le sculpteur César, le compositeur Michel Legrand, le champion de tennis Björn Borg, l'acteur Anthony Quinn ou encore l'impressionnant boxeur Mike Tyson aux proportions hors normes…

Parfois le défi est plus difficile, et les enjeux autrement importants. Ce jour-là, à côté de celle d'Alain, il y a une table de douze personnes, très bien habillées. Leur hôte arrive, vêtu… d'un blouson en cuir. C'est un prince du Moyen-Orient qui occupe deux étages entiers de l'hôtel et y dépense des sommes non négligeables… À ma demande poliment tournée de porter une veste, celui-ci me répond d'un cinglant :

– Savez-vous qui je suis ?

– Bien sûr, Excellence, et nous sommes très honorés de pouvoir vous compter parmi nous.

Il salue ses invités, puis me foudroie du regard.

– Vous allez entendre parler de moi ! me dit-il avant de quitter le restaurant.

Je me sens soudain bien seul. Quelques clients me félicitent d'avoir tenu bon, mais je sais que je vais devoir assumer les éventuelles conséquences auprès de ma direction si le prince décide de quitter l'hôtel. Néanmoins, je sais d'expérience que plus la bataille est rude, plus la récompense est grande. Alain Delon, comme d'autres clients, observe la scène avec beaucoup d'intérêt.

Depuis le « pont supérieur » où je me trouve avec quelques clients, j'aperçois soudain un homme d'une grande élégance qui entre et vient se poster devant le bar. Je me dirige vers lui. Le prince a revêtu un magnifique costume-cravate. Il a le sourire aux lèvres.

– Cher directeur, quelle belle occasion vous m'avez offerte, j'avais envie d'un costume… J'en ai même acheté deux !

Je lui souris à mon tour, soulagé.

– Servez du champagne, s'il vous plaît, nous allons fêter ce moment ! ordonne-t-il.

Delon se lève, applaudit, puis d'autres. Mission accomplie.

En même temps que ces souvenirs me reviennent à l'esprit, je me lance :

– Monsieur Delon, puis-je vous demander de porter un blazer ?

Ses yeux bleu azur me fixent, j'ai l'impression d'être littéralement transpercé par leur intensité. Je suis moi aussi, à ma modeste mesure, un acteur, et j'arrive à dissimuler ma trouille. Des gouttes de sueur perlent le long de mon dos, le temps me semble s'être arrêté.

J'avais créé un code avec Danièle, la personne chargée du vestiaire, pour ce genre de situations. Tandis que je négociais avec le client, pour ne pas faire durer trop longtemps la discussion, je lui indiquais discrètement dans mon dos la taille du blazer à préparer au plus vite.

Comme un lanceur de base-ball, je lui montre six doigts, taille 56 pour Alain.

– D'accord… Mais vous avez intérêt à trouver la bonne taille.

Le blazer lui allait parfaitement.

Je ne l'ai revu que dix ans plus tard, lors d'une remise de Légion d'honneur à laquelle j'étais invité. Nos regards se croisent au milieu de la foule.

– Ah ! je suis très heureux de te voir, Werner. Viens que je t'embrasse !

Cela me touche, nous buvons une coupe de champagne ensemble. Je pensais qu'il m'en voulait encore pour le blazer.

– Werner, il y a prescription ! J'oublie, c'est ma façon de ne pas garder de rancunes dans mon cœur, c'est mauvais pour la santé. Tiens, réserve-moi la table de l'entrée pour demain midi.

Ainsi, il devint un visiteur régulier du Relais. À chaque fois, j'avais l'impression de recevoir un grand frère. Christine, ma compagne, nous rejoignait pour le café et nous discutions de longs moments ensemble. Nous étions impressionnés par la confiance qu'il nous accordait et certains de ses récits nous interpellaient, nous donnaient à voir ce qu'était le quotidien d'une star, avec aussi ses inconvénients. Il aurait adoré prendre le métro, s'installer en terrasse, lire le journal sans être obligé de se déguiser.

Il adorait rire. Il me téléphone un jour pour réserver sa table.

– Cher Alain, elle est déjà prise…

Par qui ?

– Roger Hanin, c'est son anniversaire demain, il sera avec Michel Drucker.

– Werner, je t'appelle lorsque j'arrive dans le hall.

Roger ne tournait plus depuis quelques années déjà, il avait une santé fragile et la perte de son épouse, la belle-sœur du président Mitterrand, avait fait basculer sa vie. C'était un homme fort attachant. Quant à Michel, je lui dois d'avoir rencontré le grand amour,

Christine, lors d'une émission à laquelle il m'avait invité.

Alain arrive, je l'accueille.

– Werner, suis-moi, nous allons leur jouer un tour !

Nous nous approchons de la table occupée donc par Roger et Michel. Soudain, Alain se met en colère, prétextant que c'est sa table et qu'il a rendez-vous avec un producteur américain très connu. Il s'en prend ensuite à moi, me menaçant de nuire à la réputation du Relais…

Roger était rouge et commençait à transpirer. Michel, très gêné, se lève immédiatement pour céder sa place. Un scandale réussi en somme. Puis Alain se fige, sans prononcer un mot, pendant quasiment une minute. J'étais bluffé, j'y croyais totalement.

Un sommelier arrive. Il porte un seau rempli de fleurs et d'une bouteille de champagne. Alain entonne alors :

– *Happy birthday*, mon cher Roger !

Ce jour-là, Alain régla la note. Il était très généreux envers ses amis, notamment ceux qui traversaient des difficultés, mais jamais il n'en faisait état. La définition même du gentleman, selon moi.

Le soir, il aimait s'installer près du piano. Serghei lui jouait *Le Clan des Siciliens*. La mélodie d'Ennio Morricone illuminait soudain son visage.

J'essayais, depuis quelque temps, avec ma belle-fille Delphine, d'apprendre *Paroles, Paroles*, sans succès. Je lui demandai de nous aider, il avait interprété cette chanson avec Dalida, il était donc bien placé pour nous donner quelques conseils.

– Ah, mon cher Werner, elle est très complexe. Nous avons mis plusieurs jours pour la mettre au point avec Dalida... Commence tes répétitions et appelle-moi quand tu penses être prêt...

Plusieurs semaines passent. Je l'appelle enfin, nous avions longuement travaillé la chanson. Il nous donne rendez-vous à 16 heures au Relais. Christine, sa fille Delphine, mon pianiste Sergueï et moi-même l'attendons fébrilement. Il arrive d'un pas dynamique, dans un élégant costume.

– Alors ? Ils sont où ? m'interroge-t-il en balayant du regard la salle vide.

– Mais, Alain, nous sommes là, pour la chanson dont nous avions parlé...

Il éclate de rire, des larmes en coulent sur son visage ! Je reste un peu perplexe. Christine me murmure alors à l'oreille que nous sommes le 18 juin, une date importante pour lui. Il pensait que j'avais invité des personnalités afin de rendre hommage à l'appel du Général... Il est néanmoins resté tout l'après-midi avec nous, tandis que je tentais de venir à bout de *Paroles, Paroles* avec Delphine.

« *C'est étrange, je ne sais pas ce qui m'arrive ce soir, je te regarde comme pour la première fois.* » Quand je déclarais ces mots à ma belle-fille avec mon fort accent germanique, cela provoquait des fous rires gênés. Alain me proposa alors de l'interpréter avec elle lors de la prochaine soirée jazz que nous organisions.

Il me parlait souvent de Romy… Je découvris qu'il appréciait certaines spécialités de ma région, la Bavière, qu'il avait découverte avec elle.

J'avais depuis longtemps l'idée d'organiser une sorte de « fête de la bière » au Relais. Hélas, la direction trouvait l'idée saugrenue. Mais à l'annonce de la présence d'Alain Delon, la même idée leur parut formidable. Avec l'aide de mon ami Axel Ganz, grand patron de presse tout aussi amoureux de Paris que moi, nous avons fait venir nombre d'acteurs français et allemands. Les médias des deux pays couvrirent la soirée. L'ancien chancelier Gerhard Schröder fut enthousiasmé de réunir nos deux nations autour de mets bavarois et d'un orchestre. Il vint me remercier au Relais un soir. Alain était présent et ne cessait de répéter que Romy, à laquelle il pensait beaucoup, aurait été heureuse de voir cela.

L'éternel rival de Delon, même si les deux hommes se respectaient énormément, Jean-Paul Belmondo, venait souvent lui aussi. Si l'un, Delon, avait ce côté ténébreux qui attirait et tenait à distance en même temps, l'autre, Belmondo, était théâtral. Il entrait et me serrait fortement entre ses bras. Il n'est plus parmi nous, sa flamboyance me manque.

Avec les années, Alain s'est retiré du monde. Nous

communiquons parfois par WhatsApp. Je garde en moi des principes auxquels il tenait : savoir se tenir en société, se mouvoir avec élégance. Le blazer fait partie du passé, on trouve désormais à la place des jeans de haute couture troués.

Autre époque. Ainsi va le monde…

5

La guerre des tables

Posséder une fine connaissance de l'âme humaine, être capable de jouer aux échecs, ou aux dames, contre plusieurs partenaires en même temps, avoir lu *L'Art de la guerre* de Sun Tzu, conserver en toute circonstance le sourire et le ton de voix adéquat : voici quelques-unes des compétences qui commençaient à me valoir, au bout de vingt ans, une petite réputation. Toutes ces habiletés n'étaient pas de trop pour gérer un phénomène bien connu du monde de la haute société : la « guérilla » des tables dans un grand restaurant. Je dois avouer que je n'ai jamais lu Sun Tzu et suis un bien piètre joueur d'échecs. Mais je me targue d'avoir su manœuvrer avec tact dans cet exercice bien difficile, et totalement inconnu du commun des mortels. Ce qui se joue ici est bien plus qu'une place à un endroit donné pour déjeuner ou dîner. C'est le podium où certaines personnalités décident de voir, et d'être vues, c'est l'affirmation de leur statut social, de leur place sur la grande échelle de la célébrité.

La ligne d'arrivée, ou la victoire, suivant qu'on sentira plus proche de Coubertin ou de Clausewitz : les quatre tables d'angle dans la salle du bas. Ce sont les plus convoitées. Viennent ensuite la table ronde au milieu et celles situées à gauche et à droite de l'entrée. Enfin il faut compter avec les tables situées au « pont supérieur », en fond de salle, qui permettent d'avoir une vue plongeante sur le restaurant. Longtemps appelée « la Sibérie » avant que je n'arrive, c'est l'endroit où l'on pourra cultiver au mieux son goût de la discrétion, à l'abri des regards.

La décoration du Relais, de style Art déco, est inspirée de celle du superbe restaurant du paquebot *Normandie*. Dès 1936, date de son ouverture, le succès du restaurant fut immédiat ; il profita de sa proximité avec le Théâtre des Champs-Élysées. Très vite, le couturier Christian Dior en fit sa cantine et s'installa dans un hôtel particulier à deux pas de là. Il occupait toujours la même table, la numéro 1, à droite en entrant. Le défilé des richissimes beautés du monde entier commençait, d'autres maisons de haute couture rejoignirent cette ambiance dorée, dont Pierre Balmain. Je le rencontrai en 1978, il « hérita » de la table numéro 1. Lorsqu'il décéda en 1982, je décidai de la « léguer » à Yves Saint Laurent, qui avait très souvent comme voisine de table Marlene Dietrich.

La table numéro 1 n'est qu'une parmi cinquante-neuf autres, avec autant d'histoires marquantes. Chaque jour, au Relais, le « drame » des tables se jouait à guichets fermés pour un public très particulier, riche, célèbre ou les deux à la fois. J'en étais l'arbitre absolu, donner une table à l'un plutôt qu'à l'autre pouvait dénouer une situation ou l'aggraver et je devais en assumer l'entière responsabilité. Comme celle de se retrouver en ligne de mire d'un pistolet…

J'avais laissé, pour la seconde fois, la table d'un comte italien à son ex-femme et son nouveau compagnon. Le comte, furieux, me demande de sortir à l'extérieur. Hystérique, il braque alors son arme sur moi. Dans un accès de courage, ou d'inconscience, je lui enjoins calmement d'appuyer sur la gâchette au plus vite car sinon je devrais retourner en salle m'occuper des nombreux clients qui m'attendent. Un peu décontenancé par mon calme, il baisse son arme ; je lui saute dessus, la sécurité de l'hôtel arrive à mon secours, puis la police. Je rejoins la salle, affichant la plus parfaite sérénité. La routine, quoi !

Dans ce contexte il fallait se tenir sans cesse informé de l'actualité, lire les pages économiques des quotidiens, mais aussi suivre les « people », les mariages, les divorces, les héritages, les naissances et les décès. Ma compagne Christine se fit un devoir de me briefer régulièrement sur le sujet.

À 80 %, notre clientèle était constituée d'habitués qui venaient entre une et plusieurs fois par semaine, certains d'entre eux midi et soir. Ils considéraient donc qu'ils étaient quasiment chez eux, à juste titre, et voulaient être reconnus comme tels. La mémoire des noms et des visages n'a jamais été, hélas, mon point fort.

Lorsqu'un client entrait, l'hôtesse d'accueil se tournait vers moi et lisait immédiatement dans mon regard : client reconnu, client inconnu ou client… dont j'ai oublié le nom. Dans ce dernier cas, nous avions un petit stratagème bien rodé. Je partais faire un tour de salle le temps de consulter mon petit carnet : moustachu, zozote… ? M. Dupont ! Je revenais vers la personne, qui, agréablement surprise et fière d'être appelée par son nom, offrait l'apéritif à tous ses invités.

Puis il y avait le cas particulier des hasards heureux.

Une très belle et très élégante femme arrive pour déjeuner. Elle me dit être invitée à la table d'une « princesse », dont elle ne mentionne pas le nom. Je l'accompagne vers le groupe d'une vingtaine de convives d'une autre personnalité. Elle y reçoit un accueil chaleureux et s'assied avec eux. Au moment de repartir elle passe devant une grande table ronde composée de ses amies.

– Mais, chérie, où étais-tu ? s'exclame une femme en s'adressant à elle.

Ce jour-là, nous avions deux princesses au Relais ! Après avoir démêlé le quiproquo, tout ce joli monde se mit à rire aux éclats de la méprise et décida de se retrouver tous ensemble pour un autre déjeuner.

Avant le service il m'arrivait de constater en regardant les réservations que mon maître d'hôtel avait subi des pressions pour attribuer telle ou telle table. Un billet, l'envie de me mettre dans l'embarras, une demande très pressante, un certain manque de courage, tout arrivait. Il me fallait alors endosser mon costume d'équilibriste. À qui accorder la priorité, comment éviter un scandale et garder intacte la fidélité de nos clients ?

Ce jour-là, nous avions cinq demandes pour la même table, la numéro 28. Un grand avocat, jaloux d'un confrère qui déjeunait toujours à la 28 et qui voulait lui passer devant, l'académicien Daniel Rondeau accompagné d'un représentant du pape Benoît XVI, Jean Todt, le patron de l'écurie de F1 Ferrari, et un animateur de télé.

L'avocat jaloux arrive le premier, entouré d'un petit groupe d'hommes d'affaires. Devant mon refus, il se rapproche de moi, rouge de colère et me lance :

– Vous allez me le payer très cher !

Il déguerpit, pensant sans doute ne plus jamais remettre les pieds ici. Je savais, pour l'avoir vécu des dizaines de fois, qu'il reviendrait à coup sûr. Son confrère, beaucoup plus arrangeant, accepte d'être installé à une autre table pour cette fois. Il ne reste plus que trois « joueurs », dont deux sont mes amis : Daniel Rondeau et Jean Todt.

Je décide de faire les présentations en leur demandant de m'aider dans ce choix cornélien. Ils se comportent en gentlemen et Jean laisse volontiers la numéro 28 à l'académicien et son hôte du Vatican. Ils décident même de dîner ensemble plus tard dans la semaine. Mes amis deviennent amis, je suis ravi.

Le dernier candidat à la table 28 est un de mes bons

clients, célèbre animateur de télé, habitué des nuits blanches et expert en interview-choc ! Je l'apprécie beaucoup mais il est connu pour son tempérament explosif. Il entre toujours précipitamment au Relais comme s'il était poursuivi et se dirige vers sa table sans même regarder ce qui l'entoure. Je décide donc d'aller l'attendre à l'extérieur pour éviter un éventuel coup d'éclat.

Il arrive, je me précipite vers lui.

– Bonjour, quel plaisir !

– Bonjour, Werner, tu vas bien ?

– Fort bien. J'ai un service à te demander…

– Tu sais bien que tu peux tout me demander, Werner !

– Ta table est occupée, je t'en propose plusieurs autres et tu choisiras celle qui te convient le mieux…

Son visage se ferme aussitôt, il est déçu. Aïe…

– Non, Werner, tu ne m'as pas fait ça. Pas toi…

Après quelques longues secondes, il ajoute pourtant :

– Merde, ce n'est pas drôle du tout… Bon, fais-moi voir les autres tables.

Il entre et va s'asseoir aux différentes tables que je lui propose, il jauge, analyse la situation, tout cela avec un sérieux incroyable. Il finit par jeter son dévolu sur la numéro 6. Cette table était occupée auparavant par Sylvia, la femme du richissime marchand d'art Daniel Wildenstein. La numéro 6 est à un endroit fort stratégique : vous voyez, vous êtes vu de tous mais personne ne peut entendre vos conversations. C'est l'endroit idéal pour créer des contacts, et nombre de producteurs de cinéma, politiciens et journalistes aiment à y déjeuner ou dîner.

Notre ami animateur semble s'y trouver fort à son aise, me voilà rassuré. Son invité arrive et lâche :

– Ah, tiens, tu n'as pas ta table habituelle ? On t'a rétrogradé ?

– Tu vois, Werner, tu as compris ? me lance mon ami avec un regard las.

« Mon » cocktail, « ma » réservation, voilà certainement les expressions que j'ai le plus entendues de ma longue carrière. J'observe mes petits-enfants, ils font exactement pareil : « C'est à moi ! » On grandit, rien ne change vraiment…

Dans les années 80, on l'appelait « le roi du coton ». Il avait décidé de s'approprier la numéro 10, à vie et de façon permanente. Gare à nous si nous « profitions » de son absence pour y installer quelqu'un d'autre. Il lui arrivait de nous téléphoner depuis New York où il faisait des affaires pour s'assurer auprès de l'hôtesse que sa table était toujours inoccupée. Dès son retour, il venait hurler sur le personnel en déversant un flot d'insultes. J'ai toujours encaissé les remarques désobligeantes des clients avec tact, mais je n'ai jamais supporté que l'on s'en prenne aux employés. Un jour, il se mit à insulter Christian, le maître d'hôtel, dans la salle. La fois de trop. Le lendemain, j'installai un couple à la numéro 10. À peine arrivé, il entre en furie.

– Vous êtes un imbécile ! Je vais vous faire virer !

Je garde mon calme, le regarde dans le blanc des yeux.

– Monsieur, je vous demande de me parler correctement, ainsi qu'à l'ensemble du personnel. Par là même, je vous informe que dorénavant vous n'aurez plus de table attitrée.

– Vous êtes un pauvre con, je vais vider votre restaurant !

Effectivement, pendant deux semaines il invita tous les habitués chez Maxim's. Il avait réussi son coup. Puis, peu à peu, les habitués revinrent, ils voulaient retrouver « leur » Relais. Pierre Cardin, qui était le propriétaire de Maxim's, entendit parler de cette aventure et de ma façon de défendre les gens avec qui je travaillais. Il me proposa la direction de son établissement, assorti d'un salaire bien supérieur à ce que je gagnais. Je déclinai son offre.

Quelque temps plus tard, le roi du coton revint. Ses exigences avaient disparu, il était devenu fort courtois. Peut-être la faute à une fortune qui commençait à s'étioler. Je l'aidai même à vendre sa Rolls. La table numéro 10 porte désormais son nom.

Aucune journée, aucune nuit ne ressemblait à la précédente, il fallait être sur le qui-vive en permanence, se réinventer. Savoir prendre des risques fait partie de notre métier. J'ai toujours eu mille idées, mais il fallait batailler pour les imposer.

6

Les amants terribles

Je finis de me préparer, j'ai enfilé ma veste et j'ajuste le nœud de ma cravate. J'ai désormais une belle vie, j'exerce un métier qui me passionne : directeur de la brasserie du Plaza Athénée, le Relais, l'un des plus prestigieux établissements de Paris. Stars, grands couturiers, princes et rois, hommes et femmes politiques, attirés par l'ambiance unique, un service au cordeau, personnalisé et une pointe d'extravagance, ils viennent dans ce lieu si cher à mon cœur que j'ai façonné peu à peu. Physiquement, je suis plutôt élancé. La pratique assidue du vélo me permet d'évacuer le stress et me maintient en bonne forme. J'ai même réalisé le « petit » exploit de gravir le mont Ventoux trois fois dans la même journée.

Me regarder dans le miroir est pourtant toujours un peu douloureux. La faute à une cicatrice au-dessus de l'œil droit, souvenir amer de mon enfance bien loin des paillettes et du show-business qui sont désormais mon quotidien. Avec une régularité redoutable, mon père me battait. Les raisons, ou prétextes, se sont effacées de ma mémoire, mais pas cette fois-ci. Il me surprit en train de gratter avec les ongles le mur au-dessus de mon lit. Je mangeais le plâtre, j'appris plus tard que c'était certainement dû à un manque de calcium. Aujourd'hui on appellerait cela de la maltraitance, de la négligence, mais j'ai grandi à une époque où l'on vendait des martinets dans les quincailleries.

Je faillis me noyer dans la rivière de mon village. Mon père s'était endormi en lisant son journal, j'avançai comme un petit crabe vers l'eau jusqu'à y tomber. Plus tard, à l'âge de dix ans, je fus déclaré mort. Une péritonite aiguë infectait tout mon corps, je reçus même l'extrême-onction.

Je suis un rescapé. Je sais la chance que j'ai. Une bonne étoile un peu capricieuse veille peut-être sur moi, mais j'ai du mal à sourire pour rien et n'exprime pas non plus ma joie de façon très exubérante. Il y a pourtant un lieu où tout est différent. Lorsque je suis face aux clients qui arrivent. Mon visage s'illumine, je touche presque du bout du doigt ce que l'on appelle le bonheur. Je leur dois tout et donne tout pour eux. Je suis même surpris lorsqu'ils me remercient pour l'accueil et le moment qu'ils ont passé. C'est pour moi la moindre des choses, je fais ce qu'il faut afin qu'ils reviennent. Être constant et fidéliser sont les bases de mon métier tel que je l'entends.

Lors d'un voyage à Tokyo, alors que je déambulais dans un grand magasin, je découvris un spectacle étonnant. Un groupe d'employés serrant un crayon dans leur bouche. Ils apprenaient à sourire. Je rentrai à

Paris très enthousiaste de ma découverte et décidai de l'enseigner à mon personnel. Le nom du programme ? « Lucky Luke ». Sourire le premier au client, et que cela parte du cœur, de la tête, de notre âme. Hélas, cela n'a pas vraiment fonctionné, les sourires étaient trop superficiels. Un faux sourire peut se payer cher. Les adultes veulent y croire, mais les enfants ressentent immédiatement la supercherie, de même que certains animaux, comme les chiens…

Yves Saint Laurent adorait le Relais. Il venait souvent avec sa mère, Lucienne, Pierre Bergé ou des mannequins telles que Claudia Schiffer ou Naomi Campbell. Une petite créature l'accompagnait à chaque visite : Moujik, un bouledogue français noir et blanc. Par politesse, le personnel, après avoir salué YSL, saluait également Moujik. Ce chien avait un don pour repérer les faux gentils, tout comme moi. À la différence qu'il réagissait comme un chien et se servait de ses crocs. Ce qui surprit désagréablement plusieurs de mes serveurs… Lorsqu'ils s'approchaient, Moujik attrapait leur bas de pantalon en grognant. J'ai fini par servir moi-même M. Saint Laurent, sans me faire croquer une seule fois !

Un soir, il fume une cigarette dans le sas en attendant sa voiture. Deux Japonaises présentes dans le restaurant le reconnaissent et s'écrient :

– Yves Saint Laurent ! Yves Saint Laurent ! Photo ! Photo !

Je les autorise à y aller. Je vois les flashes, puis quelques instants après elles reviennent affolées, l'une d'elles a du sang sur la jambe. On fait venir les pompiers qui la transportent aux urgences, la touriste était hémophile… YSL, désolé, lui fit parvenir un énorme bouquet de fleurs avec un mot de sa main. Je me suis souvent demandé si les photos étaient réussies et si l'on pouvait y apercevoir Moujik, le radar à faux sourires.

L'après-midi, il s'installait sur un des tabourets face au bar, prenait un café et restait là. Je me tenais à ses côtés, et nous passions un moment en silence, comme deux vieux amis qui n'ont pas besoin de se parler pour se comprendre. Lors d'une de ces visites, il m'apprit qu'il était malade. Par la suite, je lui proposais mon bras, qu'il empoignait, et je l'accompagnais jusqu'à l'extérieur où l'attendait son chauffeur.

Je devais partir en vacances, et laissai un certain nombre de consignes à mon équipe. L'une d'elles concernait M. Saint Laurent : ne jamais le laisser seul. Quelques jours plus tard, j'ouvre le journal, un titre attire mon attention, une photo. Je reconnais l'extérieur du Relais. Et l'homme qui est au sol… Une star du football était présente à l'hôtel à ce moment-là, un groupe de paparazzi l'attendait dehors. Lorsque YSL est sorti et est tombé, les photographes ont saisi l'occasion…

Yves Saint Laurent est décédé le 1er juin 2008. Il aurait exprimé le souhait que je sois présent à la messe, ce que je fis. Je n'avais jamais vu autant de personnalités réunies pour rendre hommage à un génie de sa trempe. Ce fut une cérémonie extrêmement touchante.

Quelques semaines plus tard, son homme de compagnie marchait sur le trottoir d'en face, tenant Moujik en laisse. Le chien s'arrêta en aboyant en direction de l'entrée du restaurant. Je les fis entrer, Moujik se mit à tourner plusieurs fois autour de la table de son maître, vide, puis vint se poser à mes pieds en me regardant longuement. Je lui glissai un petit four dans la gueule, comme j'avais eu l'habitude de le faire des dizaines de fois auparavant.

Pierre Bergé, homme d'affaires puissant et compagnon d'YSL, revint au Relais quelques mois après les funérailles. C'était un homme difficile à satisfaire, souvent mécontent, n'hésitant pas à s'en prendre aux membres de mon équipe, mais jamais à moi-même, curieusement. Il critiquait absolument tout, de la cuisine aux fleurs en passant par les nappes, la clientèle et nos uniformes. Sur ce dernier point je lui donnais raison.

À le voir se comporter ainsi, c'était comme si le lieu lui appartenait. Nous devions subir ses humeurs sans broncher. Son influence était telle que personne dans tout Paris n'osait le contredire. Jusqu'au jour où…

Il entre un soir au Relais avec ses invités. C'était une sortie d'Opéra, nous avions une très belle clientèle. Il passe devant Mme Pompidou qui était assise avec un homme fort élégant d'une soixantaine d'années. Tout ce petit monde se connaît, et discute un peu. Tout à coup, j'entends cet homme élever la voix contre Pierre Bergé.

– Tiens, pour une fois…

Je me dirige vers eux, intrigué.

– Monsieur Bergé, je vous accompagne à votre table, si vous voulez bien me suivre.

L'incident est clos, me dis-je.

Au bout de quelques minutes l'homme qui accompagnait Mme Pompidou se lève, il est rouge de colère. Il traverse la salle du restaurant et marche d'un pas rapide vers Pierre Bergé, qui reste assis les bras croisés. L'homme déverse un flot d'injures, tous les clients se sont tus et observent la scène avec intérêt. Pas de doute, le psychodrame est en route, mais je ne vais pas arrêter le film aussi tôt. Soudain, d'un geste ample, l'homme lui assène une énorme gifle. Le son retentit dans tout le restaurant. Une gifle magistrale, jamais vu ça de ma vie, même au cinéma. J'ai l'impression que plusieurs clients ont envie d'applaudir, est-ce la beauté du geste ou la justice finalement rendue ?

J'entre en scène, d'une voix assez forte afin que tout le monde m'entende :

– Messieurs, je vous en prie, pas de ça, pas chez nous, si vous voulez vous battre, faites-le dehors.

J'accompagne l'excité à l'extérieur, il me suit docilement. Une fois sur le trottoir, j'aurais voulu lui serrer la main et le remercier, mais je m'en suis abstenu.

Je reviens vers la table de Pierre Bergé.

– Je crois que ce monsieur vous attend devant la porte, je vous ferai sortir par l'entrée du personnel…

Des clients me parlent encore de cette gifle. J'aurais pu l'éviter. Mais je ne l'ai pas fait.

Je me suis souvent demandé comment une personne telle que Pierre Bergé, qui avait tout pour être heureuse, pouvait être aussi acide et triste. Pourquoi ne pas plutôt profiter de la vie ? C'est une leçon, et souvent lorsque l'on creuse un peu dans la vie des gens, on découvre des fêlures, des drames. Un vieil adage m'a marqué : « On devrait toujours marcher longtemps dans les souliers de quelqu'un avant de le juger. »

Je me suis donc gardé d'avoir des préjugés avec les clients difficiles. Mais fort heureusement il y en avait qui, a contrario, rendaient nos soirées belles et inoubliables.

7

Fragiles fortunes

Un palace, c'est d'abord un lieu de rencontres. Séductions, amitiés, affaires, amours, on y croise tous les sentiments et tous les destins. Les hauts et les bas. Et forcément dans un tel endroit, tout est un peu plus extrême.

Jusqu'en 1999, et l'arrivée de la star Alain Ducasse, le chef le plus étoilé du monde, la restauration était un mal nécessaire, disait-on, pour faire marcher un hôtel. Nous étions, nous les maîtres d'hôtel, considérés comme des animateurs. Créer une ambiance, donner une couleur particulière et entretenir la réputation de l'établissement, tel était notre rôle. Nous étions rémunérés au pourcentage, et nos salaires étaient très enviés tant la clientèle était généreuse. Certains d'entre nous gagnaient jusqu'à cinq mille euros par mois et parfois même Plus ! Durant les années 80, l'argent coulait à flots, tous les jours nous enregistrions une liste d'attente remplie de célébrités.

Plusieurs fois par semaine, Jean A. arrivait au volant de sa Ferrari 512 BB rouge immaculée. Il était l'héritier d'une grande chaîne de magasins. Il s'installait au bar, fumant des cigarettes brunes à la chaîne. Quelques « belles » étaient déjà là, attendant sa visite. Je les aimais bien, cela me rappelait mes folles nuits au Nachtkneipe de Düsseldorf. S'il faisait défaut, elles commandaient une salade du chef qu'elles se partageaient à deux ou à trois, arrosée d'une carafe d'eau. Il fallait bien garder la ligne… et ses économies.

Mais comme par magie, lorsqu'il arrivait, l'appétit leur revenait. Foie gras, caviar, langoustes, champagne… L'une d'elles commandait même, à chaque fois, un poulet à emporter, du fromage et des desserts !

Je n'ai jamais vu le bienfaiteur déjeuner à leur table. Il restait au bar, les regardant se régaler de mets délicieux d'un air amusé. Lorsque le moment du café arrivait, il sortait un cadeau de sa veste. En une certaine occasion il demanda :

– Qui est disponible pendant dix jours à compter de lundi ?

Une blonde incendiaire lui répondit par l'affirmative avec empressement. Elle se vit offrir un séjour pour deux, avec vol en première classe, dans un hôtel cinq étoiles aux Bermudes, tous frais payés. J'étais toujours très heureux pour elles, une tendresse particulière me liait à ces femmes. Un brin de nostalgie sûrement. Il était tout aussi généreux avec elles que d'une avarice maladive avec notre personnel. Lorsqu'il repartait, c'était toujours le même rituel. Il était incapable de piloter son bolide dans les rues un peu étroites du quartier, même à jeun. Je faisais alors appel au voiturier. Celui-ci exécutait la manœuvre et plaçait la voiture dans le bon sens. J'envoyais deux employés se poster à chaque croisement qu'il devait emprunter afin de se rendre chez son coiffeur, le très sélect Cercle Delacre, à huit cents mètres de là. Puis, muni d'un drapeau, je faisais signe à l'héritier que la voie était libre.

Ses visites ont duré quelques années. Puis il ne vint plus du tout. Alors que je marchais un soir place de la République, je croisai un mendiant. Je reconnus mon héritier.

Les hauts et les bas… Pour certains la chute est vertigineuse. Ce n'est hélas pas un cas isolé, j'en ai connu beaucoup d'autres.

Je pense encore à cet Iranien qui venait avec son fils. Il avait fait fortune dans l'immobilier à Los Angeles. Grand, élégant, portant une fine moustache, il était âgé d'une soixantaine d'années. Il prenait son dry Martini au bar, tout près de l'endroit où je me tenais pour accueillir les clients. J'enviais sa classe naturelle, la façon qu'il avait de se tenir. Toujours souriant, patient, et très généreux, il avait chaque fois pour nous tous un mot agréable. En résumé, le client parfait.

Au repas il commandait un Château Latour 1986. Le vin des rois. Le sommelier faisait décanter soigneusement le divin breuvage dans son office. Ce client poussait l'élégance jusqu'à ne pas vouloir que les autres convives puissent voir l'étiquette d'une si belle bouteille. Puis au bout d'une demi-heure, lorsque le vin offrait toutes ses saveurs, il s'installait à table avec son fils. Il tenait à ce que son chauffeur puisse déjeuner lui aussi au Relais, chose assez rare. Celui-ci était placé à une autre table. À la fin de repas, lorsqu'ils se levaient pour partir, nous faisions une petite haie d'honneur avec les employés pour lui exprimer notre gratitude.

Lui aussi disparut. Il me manquait. J'appris par un de ses amis que la vie lui avait asséné de sévères revers de fortune.

Un jour, un homme à l'allure modeste entre d'un pas lent et mal assuré. Un costume élimé, des chaussures usées, trop grandes. Je le reconnus malgré tout. Il était devant moi, me saluant avec son large sourire, quelques dents en moins. J'étais choqué, mais il ne me laissa pas le temps de réagir, il demanda des nouvelles de tout le monde puis alla s'installer au bar afin de commander son dry Martini. Au bout de vingt minutes, il demanda l'addition et s'adressa à moi :

– Monsieur Werner, c'était un plaisir de vous revoir, je ne sais guère quand je reviendrai…

– Monsieur, vous n'allez pas partir comme cela… J'aimerais vous inviter à déjeuner, votre vin est décanté. Ne me privez pas de ce plaisir, s'il vous plaît !

Tandis qu'il dégustait son repas, je ne pus m'empêcher de l'observer. J'avais envie de le prendre dans mes bras, de le remercier pour sa dignité encore intacte malgré les coups durs qu'il avait subis. Il quitta le restaurant, je le regardai s'éloigner dans l'avenue Montaigne, pressentant que c'était la dernière fois que je le voyais.

C'est, malgré tout, aussi dans ces moments-là que j'aime encore plus mon métier. C'est la plus belle école de la vie, celle qui s'apprend sur le terrain, si luxueux soit-il. Être inspiré par de tels personnages, ou au contraire, ne surtout pas vouloir ressembler à tel autre. Chaque trajectoire est porteuse d'une leçon. Dans un palace, tout est juste beaucoup plus fort.

8

Paris la dèche

Avant que je me retrouve à accueillir le Tout-Paris, le chemin a été long et escarpé.

Depuis longtemps, j'aime aller m'asseoir sur un certain banc avec vue sur la Seine, non loin du Plaza. Un client, mon ami et banquier Jacques Stoupel, m'y rejoint parfois et nous admirons la vue sur ma ville d'adoption tout en parlant de ma santé financière. En tournant un peu la tête on peut admirer le pont Alexandre III, chef-d'œuvre d'ornement et d'élégance. C'est sous l'un de ses quatre piliers surplombés de divinités grecques, les magnifiques Renommées, et de leurs chevaux ailés recouverts d'or que j'ai passé ma première nuit à Paris.

C'était il y a plus de cinquante ans. Mai 1969, gare de l'Est. Vêtu d'un costume bleu fait sur mesure par mon père, tailleur de profession, chemise blanche et cravate bleu foncé, je descendis du train en provenance d'Allemagne. Sans bagage, sans passeport, sans argent, si ce n'est quelques pièces de monnaie que j'avais dans ma poche. Pendant le voyage, un salopard m'avait allégé du peu que je possédais.

La gare me parut gigantesque. La foule qui se pressait dans tous les sens, les annonces dans les haut-parleurs qui se mêlaient au brouhaha, j'étais perdu, incapable d'avancer. Je m'étais souvent imaginé mon arrivée à Paris, mais jamais je n'aurais pensé à un si triste scénario. Pour un premier rendez-vous, ça commençait mal.

Comment allais-je expliquer cela à mes parents ? Sans parler du fait que l'armée m'avait contacté peu de temps avant afin que j'effectue mes trois jours d'insertion. J'étais un déserteur, sans le sou, dans une ville que je ne connaissais pas, sans savoir parler un mot de français ! L'appel du service militaire avait été le déclic, il fallait que je parte. Toute ma vie on m'avait crié dessus, battu, humilié. Le prêtre, les enseignants, mes parents. C'était ainsi en ce temps-là. Je suis un pacifiste, j'ai horreur de la violence, des armes et je n'en pouvais plus des brimades.

J'avais des rêves plein la tête, et désormais je ne pouvais pas retourner chez moi, sous peine d'emprisonnement. Une peur épouvantable m'envahit, comment allais-je m'en sortir, sans argent, sans connaissances ? Assis sur les marches à l'extérieur de la gare, je tenais ma tête entre mes mains pour ne pas la perdre sous le poids du désespoir et des angoisses, et mon cœur battait si fort, à m'en exploser la poitrine. Paris, la tour Eiffel, c'est ça que je voulais, non ? C'était mon rêve ! Il fallait que je me ressaisisse, que j'agisse avant de me transformer en statue de pierre.

J'ai toujours eu une passion pour les cartes routières, les plans des villes. Une façon comme une autre de m'évader, sûrement. J'avais appris par cœur le plan de Paris, tout au moins ses principales avenues, ses lieux les plus emblématiques. Avec l'énergie de celui qui n'a plus rien à perdre, je me décidai à me relever et à marcher. Direction le faubourg Saint-Martin.

Peu à peu je me frayai un chemin dans la foule. Autour de moi les étalages de fruits et légumes, les cris joyeux des vendeurs qui interpellaient les passants en leur offrant des morceaux de pommes. Je remarquai au sol les cageots débordant d'épluchures et de fruits décomposés. Mes compatriotes auraient trouvé cela dégoûtant, pas moi. Le futur festin des corbeaux et des pigeons, le mien aussi sûrement. Une main me tendit un quartier d'orange, je levai les yeux vers l'énorme sourire sans dents du vendeur. « Moi parle pas français » furent les seuls mots qui sortirent de ma bouche. Je sentais que je détonnais un peu au milieu de ces badauds. Nous étions dans le Paris populaire, pas celui des beaux quartiers et je faisais un peu tache avec mon beau costume, mes chaussures cirées, mes yeux bleus et mes cheveux blonds mi-longs. Quel personnage curieux, semblaient penser les gens autour de moi.

Plus j'avançais, plus les rues devenaient boulevards, les passants changeaient de taille et d'apparence. Je

▼**Alain Delon :** Mon grand frère, merci, Alain…

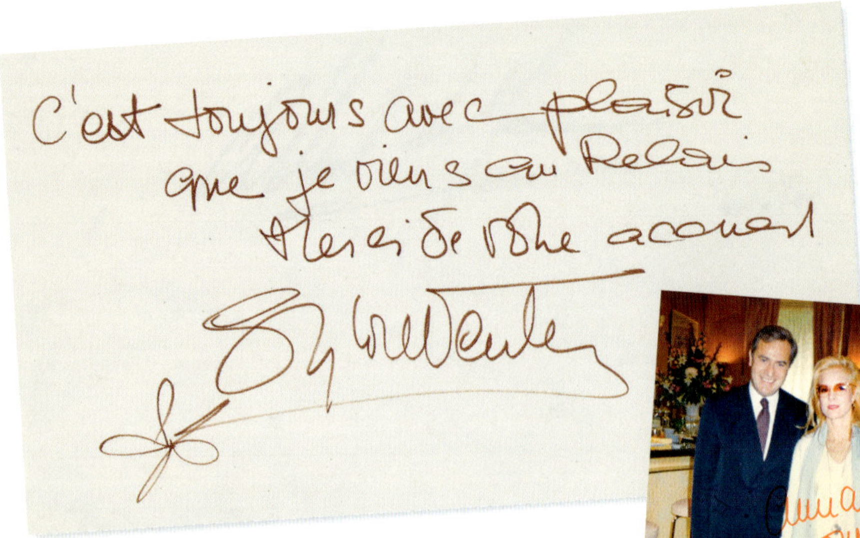

C'est toujours avec plaisir
que je viens au Relais
Merci de votre accueil
Sylvie Vartan

▲ **Sylvie Vartan :** Nous aurions dû faire quelques duos ensemble.

◄ **Zinedine Zidane :** Ce jour-là, il m'a parlé du Kaiser.

Michel Platini ► Nous sommes deux ballons d'or.

▲**Patrick Bruel :**
Les filles du Plaza : « *On t'attendait !* »

▲**Jean-Paul Belmondo :**
« *Alors, et le vélo, Werner ?* »

◄ **Michael Douglas :**
Débordant de sympathie.

Thank you Werner –
You are a gentleman
+ a good friend to Regine
a pleasure –
Michael Douglas

Philippe Starck
Quelle vivacité d'esprit !

Christophe Maé : Un optimiste qui diffuse la bonne humeur autour de lui…

Monica Bellucci : Qui pourrait dire qu'elle n'est pas séduisante ?!

Valérie Lemercier et Cécile de France : Deux femmes rayonnantes comme je les aime…

▲**Impératrice Soraya Esfandiari :** À l'âge de dix ans, je l'attendais au sommet d'une colline…

▼**Fabrice Luchini :** Comprenait-il le jeune « Werther » ?

◄ **Liza Minelli et Charles Aznavour :** Que de rigolades avec Liza ! Charles un peu jaloux ?

Yehudi Menuhin ➤
Plusieurs cordes à son instrument,
surtout l'humanisme.

Merci pour
satisfaire ici
amplement la
plus grande des
passions
sans trahir
x les autres -- -
Yehudi Menuhin
le 16 Juin
1997

x ? la musique ? - .

remarquai des femmes élégantes et de séduisantes jeunes filles de mon âge. Je retrouvai le sourire, enfin.

Arrivé près de l'Opéra, j'eus très envie d'une bière. Parisien, pas encore, mais Allemand, toujours ! Tant pis pour la maigre fortune que j'avais au fond de mes poches. Je m'installai à une table en terrasse. Après avoir montré du doigt au serveur ce que je désirais je me mis à observer les gens autour de moi. J'étais fasciné par leurs sourires, leur aisance. Quelque chose me frappa soudain. Lorsqu'une cliente quitta sa table pour partir après avoir réglé sa consommation, elle laissa quelques pièces dans une soucoupe. Je me levai immédiatement pour tenter de les lui rendre, mais le serveur prit la soucoupe et en versa le contenu dans la poche avant de son tablier noir.

Cet étrange manège se répéta à d'autres tables, je ne comprenais pas. Après avoir rapidement bu le ridicule verre de bière de 25 cl – une hérésie pour le Bavarois que j'étais –, puis un deuxième tout aussi rapidement, je réglai à mon tour le serveur.

Le prix était exorbitant. J'avais accompli mon devoir mais le garçon restait droit comme un I face à moi. Il semblait attendre quelque chose, et regardait avec insistance la coupelle posée sur la table. Je sentais son regard lourd m'accompagner tandis que je quittai les lieux, la coupelle désespérément vide.

J'étais désormais encore plus pauvre, et le léger effet de l'alcool qui commençait à agir aiguisa de nouveau mon désespoir. J'avais envie de hurler, contre moi-même, contre ma fichue naïveté qui avait permis à ce voleur de me délester de mes économies. Si les habitants de mon village me voyaient ainsi, ils seraient hilares. Regardez ce petit prétentieux, ce déserteur, qui voulait découvrir le monde et renier sa vie d'avant ! Bien fait pour lui !

En passant devant le palais Garnier, je levai les yeux. Quelle beauté ! Les visages de Bach, de Beethoven et de Mozart semblaient me regarder avec bienveillance, c'est dire à quel point je me sentais seul…

Mes pas me menèrent vers la place Vendôme. Je n'avais jamais vu quelque chose d'aussi grand. Toutes ces façades d'hôtels magnifiques, l'immense colonne érigée sur ordre de Napoléon au centre de la place. J'eus le tournis. Je m'assis au pied du monument. Devant moi se déroulait le ballet des voitures de luxe s'arrêtant et partant de l'hôtel Ritz telles les abeilles empressées d'une ruche.

Les voituriers, habillés comme des acteurs de théâtre, ouvrant et fermant les portières d'une main tandis que l'autre se refermait sur les billets qu'on leur tendait dans une chorégraphie millimétrée, me firent penser aux hommes que je voyais, enfant, recevoir l'hostie à la messe du dimanche.

Je ne savais pas que l'on pouvait gagner autant d'argent aussi vite en ouvrant et fermant simplement des portières. Je remarquais aussi que l'homme en très bel habit qui faisait tourner la porte tambour de l'hôtel en inclinant la tête à chaque passage de client ne recevait pas l'hostie. Le petit villageois déraciné était néanmoins fasciné par ce qu'il voyait.

Je commençais à avoir faim. Je me dirigeai vers une boulangerie, mais comment allais-je faire pour me faire offrir une viennoiserie ? Eh bien, comme quand j'étais enfant chez le glacier de mon village : en faisant le clown avec force mimes. La jeune vendeuse regarda mon numéro, un peu interloquée. Je me tapai sur le ventre, j'ouvris grand la bouche, lui montrai mes poches vides et les présentoirs remplis de gâteaux qui me donnaient le vertige. Les yeux écarquillés, je balayai sans cesse du regard les douceurs jusqu'à ce qu'elle éclate de rire. Gagné ! Je ressortis de la boulangerie avec une baguette à la croûte dorée et un pain aux raisins. Ma petite victoire d'une journée qui avait pourtant fort mal commencé. J'étais gonflé à bloc, Paris était à moi !

Le soir tombait, une nouvelle vie m'attendait.

9

Enfin crooner !

Nous étions dans les années 90, le directeur du Plaza m'invita dans son bureau et me demanda si je n'aurais pas quelques idées pour renouveler l'ambiance et « relancer » le Relais. C'était une période où il n'y avait plus de musique dans l'établissement. Le piano trônait dans la salle, désespérément silencieux, tel un navire échoué. Je lui suggérai d'organiser des soirées jazz, une fois par semaine. La réponse ne tarda pas, c'est trop risqué, personne ne saurait être intéressé. Une telle frilosité me perturbait, il allait me falloir batailler et user de stratagèmes pour pouvoir l'imposer. Qui mieux que les clients pouvaient m'aider à convaincre l'indécis de l'intérêt d'une soirée musicale ? Je commençai à en parler à nos « fidèles ». La grande majorité s'enthousiasma, et le fit savoir auprès de la direction… J'eus finalement carte blanche !

En écumant les bars et les clubs du Quartier latin, je tombai sur un orchestre de jazz dont la batteuse chantait un peu à la manière de Nina Simone. Conquis, je leur proposai de venir jouer chez nous. Le mercredi était un soir très calme, les enfants n'allaient pas à l'école, la télé retransmettait les matches de football. J'allais m'adresser aux femmes. Laissez les hommes à la maison et venez faire la fête ! La partie la plus délicate de mon travail débutait : avoir des réservations fermes. Un client qui vous assurait qu'il viendrait ne suffisait pas, il fallait savoir le relancer avec élégance, lui rappeler la date, être sûr et certain qu'il viendrait.

La première soirée se déroula de la meilleure des façons, toutes les tables étaient occupées, nos clientes étaient ravies. Je me lançai alors dans l'organisation de la suivante. Un certain nombre d'entre elles me promirent de revenir, à une condition. Que je chante une chanson. Comment dire non à une femme ? Pendant fort longtemps, cela a été mon point faible.

Me voici donc en train d'apprendre les paroles d'une chanson d'Yves Montand. J'en parle alors à l'orchestre… qui n'apprécie que moyennement l'idée. La soirée arrive. J'aurai mon moment, m'assurent-ils. Plus l'heure avance, plus je me sens mal. Je commence à transpirer et vais m'enfermer un instant dans mon bureau. Pourquoi ai-je accepté ce défi ? Il faut pourtant y aller, se jeter à l'eau. Hélas, les musiciens me « mettent dedans » en changeant le tempo. Je n'ai pas la technique suffisante pour rattraper mes erreurs. Je viens de comprendre que dans la musique, comme parfois dans la vie, il faut être en symbiose pour mener les choses à bien, et aussi que, pour pouvoir être un leader, il faut maîtriser son sujet. J'ai été mauvais…

Quelque temps plus tard, un homme se présente. Serghei, il est russe.

– Moi vouloir jouer musique !

Je lui indique le piano, il s'installe et commence à jouer. Il est doué, mais le répertoire classique ne correspond pas à ce que je recherche, il nous faut de la variété.

– Donnez-moi dix chansons à apprendre !

Je lui fais une petite liste, et tandis qu'il s'éloigne je me dis que je ne reverrai jamais cet étrange personnage.

Le lendemain même, Serghei arrive ! Il va droit vers le piano. Il joue parfaitement toutes les chansons que je lui ai données à travailler. Ainsi a débuté notre collaboration, qui dure encore aujourd'hui. Faite de hauts et de bas, sa rigueur toute slave m'a énormément fait progresser, et ses coups de nerfs m'ont parfois mis hors de moi.

Avec la pratique du deux-roues, j'ai trouvé dans le chant le meilleur des remèdes à nombre de maux, une libération. Il m'arrive parfois, lorsque je suis seul sur mon vélo, de tourner la tête pour m'assurer qu'il n'y ait personne aux alentours et de me lancer dans une interprétation. Quelques aboiements lointains, et même une invitation un peu vulgaire à me taire, n'entament en rien mon plaisir. C'est devenu un besoin vital.

J'ai l'impression de libérer des vibrations qui me vident la tête, me font me sentir mieux. Je n'ai pas la prétention de me considérer comme un grand artiste mais lorsque je chante en public je donne tout ce que j'ai. Et quelle meilleure récompense que d'entendre des clients réclamer telle ou telle chanson qu'ils ont appréciée !

Mon père chantait dans diverses chorales, et j'avais bien fait mes premières armes, plus jeune, lorsque je tentais de séduire une jolie fille de mon village. Mais rien ne me prédisposait vraiment à avoir un jour un véritable répertoire à interpréter devant un public choisi.

Tout a vraiment commencé d'une bien étrange façon, sous la menace. Le directeur de l'hôtel, un Italien fort charmant, faisait venir tous les soirs au Relais deux musiciens. Un pianiste, qui était aussi accordéoniste, et un guitariste.

Un couple d'habitués était souvent présent. Au cours de ma longue carrière ils auront été les personnages les plus énigmatiques que j'aurais eus à côtoyer. Il régnait un halo de mystère autour d'eux, et les bruits les plus fous couraient à leur sujet. Ils occupaient un appartement immense sur l'avenue Montaigne et vivaient aussi aux Bahamas. On ne savait pas d'où ils avaient tiré leur fortune. L'homme, un petit bonhomme maigrichon, aurait été un dignitaire du IIIe Reich, la femme, à la carrure imposante, serait en fait un homme…

À la fin du dîner, après avoir avalé leur vodka cul sec, il fallait que les deux musiciens viennent près de leur table et jouent une dizaine de morceaux. Toujours les mêmes. Cela arrivait plusieurs fois par semaine, c'était barbant. Au bout d'un moment, j'ai fini par connaître toutes les chansons par cœur.

Un soir, je devais être particulièrement bien luné, je me mets à fredonner l'air de la chanson que les musiciens étaient en train d'interpréter. La femme s'en rend compte :

– Mais, Werner, vous chantez !

Aïe, les ennuis approchaient. Elle insiste, et m'ordonne de chanter. J'étais pris au piège. Les fois suivantes, les verres de vodka qui annonçaient la fin de leur repas étaient pour moi le signal qu'il me fallait disparaître dans mon bureau.

Elle criait alors mon prénom ! Je ne pouvais me soustraire à ses exhortations, qui de plus gênaient les autres clients. Cela ne lui suffisait pas, il fallait aussi que je la fasse danser… Je rentrais chez moi imbibé de l'odeur entêtante de son parfum qui imprégnait mes vêtements.

Alors qu'elle était en train de vivre ses derniers jours, nous fûmes convoqués avec les musiciens dans leur « nid » – c'est ainsi qu'ils appelaient leur appartement avec vue sur la tour Eiffel. Le petit bonhomme nous servit du champagne éventé dans des coupes en argent et des œufs de caille passablement périmés. Elle était allongée dans son grand lit à baldaquin. Les lieux sombres, chargés de meubles et de tentures, nous donnaient l'impression d'être dans un film de Luchino Visconti. Je lui chantai ses deux airs préférés, en italien. Elle semblait heureuse, et le mystère autour d'eux resta à jamais intact…

Ce fut bien la seule et unique fois, fort heureusement, que je chantai dans des conditions aussi dramatiques. Sinon, je faisais souvent appel à Sinatra : « *I've been up and down and over and out. And I know one thing, each time I find myself flat on my face, I pick myself up and get back in the race…* »

Ah, *That's Life* !

10

Éternel mystère

J'ai toujours été attiré par les femmes. Tenter de déchiffrer cet éternel mystère fut une des grandes aventures de ma vie. À l'école primaire, déjà, je consolais mes camarades de classe qui venaient me raconter leurs peines. Je pressentais, sans le savoir, que la place de confident était fort stratégique dans les jeux de l'amour. J'avais toujours un bout de tissu fin dans la poche, que je sortais au moment opportun afin qu'elles essuient leurs larmes. J'ai depuis en permanence un mouchoir blanc dans ma poche.

Ce même mouchoir dont je me servis un jour pour m'éponger le front en présence d'une cliente, Alice.

– Werner, comment me trouvez-vous ? Je ne suis pas plus moche qu'une autre, non ?

Blonde, cinquante ans, très élégante, Alice était définitivement séduisante. Elle venait régulièrement accompagnée de son mari, un homme beaucoup plus âgé qu'elle. Elle m'attrape le bras, se colle contre moi et me souffle à l'oreille :

– Je cherche un compagnon, je suis tellement

seule... Werner, vous qui connaissez tant de monde, aidez-moi...

Quand ce genre de situation se présentait, il fallait garder la tête froide tout en restant courtois et bienveillant, exercice bien périlleux qui ne s'apprend pas dans les écoles d'hôtellerie.

Elle insiste :

– Werner, nous pourrions prendre un café ensemble, à votre coupure par exemple... Vous savez, je mérite que l'on s'intéresse à moi.

Je repense alors aux nombreux déboires que mes liaisons, même très courtes, ont pu engendrer par le passé.

Il y avait eu par exemple cette jeune et fort belle cliente qui voulait absolument voir le directeur. Elle désirait visiter les chambres, une demande assez inhabituelle, à laquelle un employé de la réception aurait pu répondre, nul besoin de déranger le directeur. Mais elle avait su user de ses charmes pour le convaincre.

Aussitôt la première porte d'appartement ouverte, elle s'élança sur le lit et se mit à sauter dessus. Tout en dansant, elle se vanta d'en avoir déjà pratiqué plusieurs... en ma compagnie ! Elle voulait maintenant en découvrir d'autres...

Le lendemain, je fus convoqué dans le bureau du directeur. Il me fit part de ce qui s'était passé avec la cliente survoltée. J'étais à la fois très gêné – un tel culot de la part de cette jeune femme me laissait sans voix – et désolé d'avoir mis mon supérieur dans une telle situation. J'étais fort jeune, fougueux, lui avait de l'expérience. Il ne m'en tint pas rigueur mais donna une leçon à l'employé exalté qu'il avait devant lui.

– Sachez que dès l'instant où vous mettez la clef dans la serrure, vous devez être capable d'en assumer les conséquences... Je m'occupe de cette affaire.

L'image peut choquer, mais il avait raison. Nous devons tôt ou tard répondre de nos actes, et agir en conscience.

Alice attendait une réponse à sa proposition d'*afternoon tea*... Je me lance :

– J'ai bien compris votre désarroi, chère Alice, moi-même j'ai attendu bien trop longtemps avant de rencontrer l'amour de ma vie. Quand je quitte le restaurant, je n'ai qu'une envie, c'est la retrouver au plus vite...

Elle tourne les talons, certainement un peu fâchée, mais j'ai eu l'impression de ne m'en être pas trop mal sorti.

Garder intacte la réputation festive et élégante du Relais demandait une attention de tous les instants. Beaucoup de tact, de savoir-faire. Les dangers étaient nombreux : nos riches clients sont parfois des proies faciles pour des professionnelles en tout genre. Certains établissements, pourtant renommés, en firent les frais et subirent des fermetures administratives.

« Le Relais m'a fait et j'ai fait le Relais », aime à dire mon dernier directeur général, l'excellent François Delahaye, avec lequel j'ai collaboré pendant vingt ans. Il m'a accordé une confiance totale, et jamais nous n'eûmes à subir les conséquences de tels faits scabreux. Ce n'était pas facile tous les jours, il fallait faire preuve de beaucoup de discernement.

Comme on dit, l'habit ne fait pas le moine. Combien de fois ai-je frôlé la correctionnelle en voulant interdire l'accès au bar à une femme vêtue de façon très provocante, avant de me rendre compte, juste à temps, que son mari la rejoignait, et qu'ils occupaient une suite à 10 000 euros la nuit... Nous avions aussi des hommes qui aimaient venir accompagnés de femmes différentes chaque soir. Ne pas commettre d'impair, savoir très vite distinguer l'épouse des autres séduisantes « amies », cela demandait une vraie attention.

Dans un autre registre, je dus intervenir auprès de la sécurité de l'hôtel qui avait repéré un homme à l'allure trop modeste et voulait le mettre dehors. C'était en fait un intellectuel renommé et client régulier du Relais.

Pour autant nous accueillions nombre de femmes seules, qui aimaient la tranquillité du lieu, loin des mal élevés qui pouvaient pulluler ailleurs.

Carole Bouquet faisait partie de nos habituées. C'était toujours une grande fierté pour moi de lui préparer un steak tartare qu'elle dégustait au bar du restaurant. Elle me fit un jour cette remarque :

– Chez vous, c'est vraiment l'un des seuls endroits où non accompagnée on se sent à son aise.

J'acceptai volontiers le compliment.

Nombre de mes clients, y compris des milliardaires d'apparence réservée, ont succombé aux charmes des « filles » de celle qui a été la reine des maisons closes dans les années 60-70, la fameuse Madame Claude. Jusqu'à les épouser. Je me risquerai à dire que ces femmes étaient de véritables artistes du plus vieux métier du monde, où la beauté, seule, ne suffisait pas. Il leur fallait en effet une prestance, un certain savoir-vivre et un art développé de ce que l'on pourrait appeler la conversation. J'ai chanté *La Belle Vie* pour certains de ces sulfureux couples lors de leur mariage et les ai accueillis chaleureusement lorsqu'ils venaient nous rendre visite avec leurs enfants au Relais.

Je reste un homme, et certaines de ces créatures étaient véritablement ensorcelantes, comme ma compatriote Ute. Elle fit la une du tabloïd allemand *Bild Zeitung* dans les années 90. Elle extorquait des secrets de toutes sortes à quelques industriels, politiciens et financiers de haut vol. Un ministre allemand en fit les frais et, victime d'un scandale, dut démissionner avec fracas. Je l'aimais bien. Blonde, grande, plus jeune que moi d'une dizaine d'années, elle déjeunait ou dînait avec des messieurs influents en tête-à-tête. Parfois son rire résonnait agréablement dans la salle qu'elle traversait à vive allure. Elle marchait vite, parlait vite et comprenait encore plus vite. Je ne sais pas vraiment pourquoi, mais un jour elle me dévoila certains secrets qui allaient sortir dans la presse.

Je ne saisissais pas aussi vite qu'elle les enjeux, en vérité je ne comprenais rien de ce qu'elle me révélait. Peut-être en déduisit-elle que j'étais assez innocent pour garder un secret bien caché.

– Werner, garde cette enveloppe, me dit-elle, tu la caches, je reviendrai la chercher.

Et elle disparaît.

Les jours passent, pas de Ute en vue. J'avais rapporté la grande enveloppe chez moi, encore un peu étonné de son geste. Au bout de quelques semaines, la curiosité s'empare de moi, je veux savoir. Je l'ouvre et en sors les dossiers qu'elle contient. Des noms de gens célèbres, de clients étaient mentionnés. Au milieu de ces dossiers je tombe sur une chemise consacrée aux Illuminati, à qui l'on prête des pouvoirs extraordinaires et qui seraient censés contrôler le monde.

J'étais en plein roman d'espionnage. Les jours suivants je regardais les gens d'un air entendu. J'imaginais que leur destin était entre mes mains, l'avenir du monde... Puis, après quelque temps, je passai à autre chose.

Une autre espionne, autrement plus célèbre, avait séjourné au Plaza : Mata Hari. D'origine hollandaise, mesurant un mètre quatre-vingts, elle avait collaboré avec les Allemands. Elle me faisait penser à Ute ; Mata Hari aimait le luxe. Les services secrets français l'arrêtèrent le 13 février 1917 dans sa chambre d'hôtel du palace, où ils découvrirent nombre de dossiers compromettants. Elle fut fusillée à l'automne suivant.

Trois ans s'écoulent, Ute m'appelle.

– Werner, sois prêt, amène mes dossiers, je ne peux pas te parler.

Elle passe en coup de vent au Relais. Elle avait maigri, son éclat avait disparu. Elle prend les dossiers, les fourre dans son grand sac et repart aussi sec. Je suivis les actualités, dramatiques dans ces années-là. La guerre en Yougoslavie, la fin de l'URSS, le génocide au Rwanda, la fin de l'apartheid en Afrique du Sud. Je me demandais si Ute avait été impliquée, d'une façon ou d'une autre dans ces grands événements. Je ne la revis plus jamais et aucun titre de la presse allemande ne mentionna l'exécution d'une espionne.

Quant à Alice, elle revint à la charge. J'étais quelque peu agacé, et décidai de lui faire rencontrer « l'homme de sa vie ». C'était l'un de mes meilleurs amis, j'avais fait sa connaissance lors d'une traversée des États-Unis à vélo. Il n'était pas riche, travaillait comme agent d'entretien dans une usine de sous-vêtements féminins. Il était petit, chauve et ressemblait à Michel Blanc. J'organisai pour eux un rendez-vous, et donnai quelques conseils à mon ami. Apprendre à valoriser ce qu'on fait, enjoliver un petit peu la réalité. Ainsi son petit pavillon à la frontière belge devint une belle propriété, et sa traversée à vélo, pour laquelle il avait économisé plusieurs années, un séjour prolongé pour faire du business.

Le lendemain, mon ami m'appelle, absolument ravi de sa soirée. Alice, elle, débarque au Relais très en colère. Elle me jette un catalogue de sous-vêtements dans les bras.

– Tu peux garder ton copain ! Non seulement il m'a emmenée dans un fast-food, mais en plus il m'a dit de choisir des sous-vêtements dans ce satané catalogue, qu'il me ferait essayer lui-même à notre prochain rendez-vous !

À chaque situation, même la plus compliquée, il y a forcément une solution…

11

Bono

Le maître d'hôtel court vers moi.

– Monsieur Werner ! Monsieur Werner, Bono arrive !

Lorsqu'un artiste ou une personnalité venait au restaurant je me devais d'en faire profiter tous les clients présents, mais avec délicatesse, pas question de crier le nom de la star à l'assemblée…

Bono est seul. Alors qu'il avance dans le restaurant, on peut sentir l'air changer, l'atmosphère n'est plus tout à fait la même. Le charisme ne s'explique pas, il se vit.

– Monsieur, je suis, nous sommes très honorés de vous accueillir chez nous. Voulez-vous bien me suivre, s'il vous plaît ?

Il rajuste ses grandes lunettes roses, et nous commençons à emprunter mon « parcours spécial ». Cela consiste à faire faire une grande boucle à mon invité, sous prétexte de le placer, bien sûr ! Il faut s'assurer du bon timing, afin que la célébrité n'ait pas l'impression d'être baladée comme un animal de foire. J'entends les clients chuchoter son nom à mesure que nous passons devant eux. Je l'installe à la numéro 7, près du bar et du piano.

– Je sais que tu chantes, me dit-il tout à coup avec un large sourire.

Je reste un peu ébahi, Bono va au piano, s'assied. Silence total dans la salle. Il joue une fantastique introduction puis fait un signe de la tête en me regardant. Il a trouvé sa tonalité, je sais ce qu'il attend de moi. J'adorais chanter… mais qu'étais-je face à ce monstre sacré ? Et pourtant, à ce moment-là, nous étions égaux.

La plupart des clients se sont regroupés autour du piano. Je commence : « *Strangers in the night, exchanging glances, wandering in the night…* » Bono se met à chanter les autres couplets avec moi, en deuxième voix. Le rêve… Le monde m'appartenait, les gens applaudissaient, c'était magique. Il se lève et me serre dans ses bras, les clients en redemandent. Le Relais apparut à cet instant pour ce qu'il était : « *the place to be* », le lieu où tout était possible.

Avec décontraction il frappe alors sur le clavier les quatre notes qui se suivent tout au long de la chanson *With or Without You.* Des larmes coulent sur mes joues. Partager ce moment si particulier avec une star n'a pas de prix, et peut aussi parfois être fort drôle, a posteriori…

Lors d'une soirée jazz, tard dans la nuit, je chantais, accompagné de mon orchestre. Je passais entre les tables, lorsque, arrivé sur les marches qui mènent au « pont supérieur », je vois une superbe jeune femme qui vient chanter avec moi tout en tenant nonchalamment son verre de whisky. Les clients se rapprochent, certains font des photos avec leur téléphone. J'étais certainement la seule personne présente à ne pas savoir qui elle était ! Une fois la chanson finie, je la salue, elle repart s'asseoir.

– Quelle chance vous avez ! me lance un client.

Je ne comprends toujours pas, et lui demande naïvement :

– Qui est-ce ?

– Mais… c'est Rihanna !

Les photos prises par les clients sont assez drôles. On y voit un homme d'âge mûr, en costume-cravate, chantant accompagné d'une star mondiale de la pop, comme si tout cela était presque banal.

Je repense à toutes les célébrités que j'ai croisées à une époque où les selfies n'existaient pas encore. Frank Sinatra, les Beatles, et bien d'autres aimaient venir chez nous car ils avaient l'assurance de ne pas être importunés. Pourtant nous n'avons jamais eu d'agents de sécurité à l'entrée. Il y avait quelque chose d'imperceptible dans cet endroit qui faisait que chacun respectait la tranquillité de l'autre, si célèbre fût-il. Plus tard, j'achetai un appareil photo que je gardais dans mon bureau, au cas où.

Bono

La première star à qui j'osai demander une photo fut Mike Tyson. Il affiche un grand sourire où l'on peut apercevoir une dent en or. La même qui quelque temps plus tard allait arracher un bout d'oreille à son adversaire Holyfield lors d'un combat mémorable.

12

Les nouveaux clients arrivent !

Jusqu'au milieu des années 70, au-delà des grandes stars internationales, la clientèle des palaces parisiens était composée pour l'essentiel d'Américains et d'Européens. Leur comportement, leurs désirs lorsqu'ils venaient chez nous étaient assez faciles à deviner. Nous partagions un socle culturel commun, une histoire, et les quelques difficultés auxquelles nous étions confrontés se limitaient souvent à l'habillement : arriver à convaincre par exemple un Texan de mettre une veste et une cravate pour dîner. La « jurisprudence Delon » se révélait alors fort utile !

Le choc intervint lors de la crise du pétrole. Le cours de l'or noir explosa, créant une nouvelle classe de riches. À partir de 1974, des familles entières commencèrent à arriver du Moyen-Orient, principalement d'Arabie saoudite. Nous n'étions pas préparés, et eux non plus.

Au room service, nous servions vingt-quatre heures sur vingt-quatre, dans un va-et-vient incessant, des tables débordantes de plats, qui à peine touchées étaient remplacées par d'autres tables, d'autres plats.

Nos nouveaux clients ne parlaient ni français ni anglais. Nous étions à la fois curieux et un peu décontenancés par leurs façons d'être. Exaspérés aussi parfois, il faut bien le dire. Des hommes affalés à même les tapis, ou sur les canapés, des enfants qui couraient et sautaient partout, des femmes entièrement voilées, des parfums totalement inédits, enivrants, qui imprégnaient mes habits. Un nouveau monde dont je n'avais pas encore percé les codes. Un nouveau défi.

Je voulus créer un contact avec eux, être une sorte d'ambassadeur de la cuisine française. Une idée un peu folle me vint. J'apportai un cahier, des crayons de couleur avec moi. Je regardai la carte des menus, et appris les cris des animaux cuisinés dans les plats. Tout était bon pour essayer d'entamer un dialogue avec nos nouveaux clients ! J'allai à leur rencontre et commençai à dessiner un poulet en faisant des « cot cot », puis un agneau, un bœuf... Toute l'arche de Noé y passa ! Pour les poissons, c'était un peu plus difficile !

L'effet fut immédiat : fou rire général. Toute la famille, des plus jeunes aux plus anciens, se réunit autour de moi et m'observa avec amusement. Entre les dessins, parfois approximatifs, et les bruits d'animaux, l'animation était réussie, et le contact établi.

Un matin, l'un d'eux me posa une devinette. Réunissant le pouce, l'index et le majeur, il tapa plusieurs fois sur la table et sur sa bouche. Après un bon moment, assez fier de moi, je lui apportai un œuf à la coque. Il avait mimé une poule qui picore le sol.

Je fus largement récompensé par mes efforts, qui me permirent en une semaine de m'offrir une voiture, une 4L verte dans laquelle je promenais fièrement notre directeur général, un élégant Italien. J'étais, en ce temps-là, l'un des seuls à m'intéresser à leur culture et à leur bien-être chez nous. Un certain nombre de nos concurrents firent comprendre à la clientèle arabe qu'elle n'était pas la bienvenue dans leurs établissements. Les sommes folles, en cash, que ces nouveaux riches dépensaient allaient vite les faire changer d'avis !

La clientèle évoluait, c'était une petite révolution. Nous devions nous adapter, et connaître leurs comportements afin de répondre au mieux à leurs attentes. La satisfaction de tous les clients était une priorité pour moi, apprendre à rendre heureux les insatisfaits, quelle que soit leur nationalité, une raison d'être et un défi. Cela devint même peu à peu une obsession.

J'entrepris plusieurs voyages en Asie, au Japon, en Chine. J'avais soif de connaissances. C'était une époque où la typologie des clients selon leur origine était assez marquée. La mondialisation a quelque peu gommé ces différences, qui pourraient passer aujourd'hui pour des stéréotypes. Mais elles existent pourtant toujours, mes longues observations au fil de ces trente dernières années m'en ont convaincu.

Prenez un client japonais. Il gardera son sourire intact jusqu'à la fin de son séjour. Mais cela ne l'empêchera pas d'envoyer à la direction une longue lettre pour se plaindre s'il estime que ses attentes n'ont pas été satisfaites. Si de plus vous l'accueillez à la fin de son séjour en France, après qu'il a visité le mont Saint-Michel, les châteaux de la Loire et d'autres merveilles, il finira, certes, sur la tour Eiffel, mais sera choqué par la saleté actuelle des rues parisiennes et par les pickpockets qui ciblent avec délectation les touristes.

Notre restaurant ouvrait officiellement à 19 heures pour le dîner. La porte était fermée, et nous étions rarement prêts à l'heure pile : nous discutions de la journée écoulée ou même de nos week-ends. Palace oblige, le retard restait fort raisonnable, il nous arrivait d'ouvrir à 19 h 05. Une petite file de clients japonais nous attendait sagement derrière la porte. Leur sourire avait disparu, mais ils courbaient quand même le dos lorsqu'ils entraient en hochant la tête, en signe de salutation.

Les mets, le service au cordeau, les macarons offerts en guise d'excuse ne suffisaient pas. Le couperet tomba. Lettre de mécontentement, convocation chez le directeur, remontage de bretelles en bonne et due forme.

J'eus alors l'idée de demander au barman d'ouvrir la salle avant l'heure, afin d'aérer, ce qui nous donnerait surtout le temps de finir de nous préparer et de guetter d'éventuels clients un peu trop ponctuels. Rien n'y fit, un autre groupe de Japonais attendit dans le couloir l'heure précise avant d'entrer. Nous devions aller les chercher, c'était ainsi qu'ils voyaient les choses.

Ils s'exprimaient peu et n'appréciaient guère les trop grands sourires, dont ils se méfiaient. Il fallait donc éviter toute servilité.

Nos clients russes étaient adeptes d'une certaine discrétion, c'est donc au moyen des journaux, notamment, que nous essayions d'en apprendre davantage sur eux. J'avais cependant un atout dans ma poche. Serghei, notre pianiste, était russe. Je connaissais ses changements d'humeur, parfois abrupts. La *doucha*, l'âme russe décrite par Dostoïevski, mélange détonnant d'irrationnel, d'abattement, de démesure, ne m'était pas étrangère. Ils aimaient dépenser leur argent en invitant de nombreux amis. Cela donnait l'occasion d'assister à des fêtes mémorables qui pouvaient durer toute la nuit et entretenaient leur légende. De fait, le caviar était servi à la louche, le champagne coulait à flots, et la vodka s'avalait cul sec.

Ils étaient compréhensifs mais ne transigeaient pas sur les serveurs, qu'ils choisissaient et qui devaient toujours être les mêmes lors de leurs visites. Ils pouvaient ne plus jamais revenir si l'un d'eux venait à manquer. Leur slogan favori : « Vous devez » !

D'une certaine façon l'Américain était plus rustique. S'il était mécontent, il vous faisait comprendre qu'il faisait partie des maîtres du monde et que vous n'étiez rien ! Appelons cela de l'arrogance, qu'il pouvait aussi montrer lorsque vous lui présentiez la carte des plats, ou des vins. Il avait au préalable glané quelques informations sur les cépages, les plats, et s'en vantait pour vous rabaisser. J'en croisai quelques-uns qui expliquaient à nos barmen comment faire un dry Martini ou un Bloody Mary… Je me rappelle un homme qui me balança :

– *Tell this guy to play this song :* Autumn Leaves. *Do you know this song ?*

Je me retins de lui dire que *Les Feuilles mortes* était une chanson française à l'origine. Je ne compte plus les fois où je dus expliquer que l'on ne pouvait pas venir dîner en short, que la mayonnaise était faite maison, et j'en passe… Par contre, s'il était satisfait, l'Américain pouvait vous inviter chez lui et vous faire profiter de son jet privé, de ses voitures de course ou de son yacht.

Lorsque je suis arrivé au Plaza, l'hôtel appartenait au groupe anglais Trusthouse Forte, puis fut ensuite racheté par Dorchester Collection dont le siège se trouvait à Londres. Je pus donc découvrir un nouveau monde, celui des sujets de Sa Majesté la reine.

La première chose qui me surprit fut la tenue adaptée à chaque moment de la journée, même pour les hommes. Du breakfast au lunch en passant par l'*afternoon tea* ou le dîner, il n'était pas rare d'assister à un impressionnant défilé de garde-robe. Un autre rituel m'avait amusé. Lors de l'apéritif, avant de passer à table, je les entendais discuter sans jamais se couper la parole en lançant des « *How nice* », « *I can't believe it* », « *Incredible* » assez charmants. La fameuse politesse anglaise…

Ils aimaient être servis dans les meilleures conditions possibles. L'art de la table, la manière de servir et de se comporter était bien plus importante que ce qui se trouvait dans leurs assiettes. Dans nos métiers, en salle, il était très rare de trouver du personnel anglais, et même chez eux ces tâches étaient accomplies par des étrangers. Je ne pus jamais réellement trouver une explication à cela.

Et puis il y avait les Allemands : si proches, si loin ! Dans mon pays d'origine, lorsque vous vous approchiez d'un passage piéton, même à cinq mètres de distance, les voitures pilaient sur place ! À Paris, c'était quelque peu différent, et si d'aventure une voiture s'arrêtait à temps, mieux valait faire un signe de remerciement au conducteur, sous peine d'être copieusement insulté. Incompréhensible pour un Allemand. Il aurait aimé vivre à la française, mais il détestait les steaks bleus ou saignants et boire du vin blanc avec le fromage, sauf s'il avait lu dans une revue scientifique que cela se faisait ! On dit que l'Allemand mange pour travailler et que le Français travaille pour manger… Les premières fois où j'ai entendu parler de véganisme, c'était dans la bouche de mes compatriotes. Idem pour les risques d'allergies qu'il nous fallait indiquer dans les menus. Je ne m'étendrai pas sur notre ponctualité légendaire !

Restaient les Français. Ils étaient ma principale raison d'être. Je voulais vivre à Paris. J'ai beaucoup voyagé, goûté énormément de cuisines différentes, je dois avouer qu'ils demeurent les maîtres incontestés en la matière. Nulle part ailleurs sur la planète vous ne trouverez autant de produits préparés d'autant de façons, de la plus simple à la plus élaborée. Sans parler des vins, des eaux-de-vie, autant de petits bonheurs que l'on souhaiterait éternels.

Un professeur en lycée hôtelier avait énuméré jusqu'à cinq cents erreurs possibles que nous pouvions commettre lors d'un service. Pour ma part j'estimais que les erreurs étaient inévitables, mais que nous devions viser l'excellence, et donc en faire le moins possible. Pour cela le client français nous était utile, car très observateur et exigeant. Il pouvait aussi être changeant, sympathique et grognon en même temps. Je nouai de véritables liens d'amitié avec certains, il m'arriva d'être invité chez eux en week-end, avec ma compagne, ou à des fêtes de famille, des concerts, des pièces de théâtre. Les seuls points sur lesquels il ne fallait jamais discuter avec le client français : quand il estimait que son steak était beaucoup trop cuit, ou que son vin était bouchonné. Alors, ne jamais essayer de le contredire, jamais !

13

Paris la débrouille

À peine débarqué à Paris, j'avais cherché un toit.

Je descendis sur le quai de la Seine, rive droite, et marchai le long de la berge. Je commençai à ramasser quelques cartons abandonnés afin de me construire un lit de fortune. Où trouver une chambre ? Un groupe de quelques clochards me vit passer, drôle de personnage en costume portant des cartons, ils me firent signe de venir partager leur dîner improvisé, une bouteille de rouge, en fait. Je déclinai respectueusement leur invitation.

Je trouvai enfin un endroit qui me sembla adéquat. Mon costume était mon unique atout, il fallait que j'y prête une attention particulière. Je plaçai soigneusement mon pantalon à plat entre deux cartons sur lesquels je me couchai. La veste me servirait de couverture. Je m'allongeai, repensant à ces nuits à la belle étoile lors de veillées nocturnes à l'école. Mon corps entier se relâcha, toutes ces émotions vécues en quelques heures avaient totalement épuisé l'énergie du jeune homme que j'étais. Le son des clapotis de la Seine s'éloigna peu à peu tandis que je sombrais.

Les cris stridents des mouettes mirent fin à mon repos. Beaucoup trop tôt. Je relevai la tête et commençai à méditer sur la journée qui m'attendait. Plus loin j'aperçus les drapeaux français flottant sur l'Assemblée nationale comme la promesse d'une nouvelle vie, presque à portée de main mais encore inatteignable. La lune s'éclipsait, les balayeurs regroupés en cercle célébraient la messe du jour nouveau autour d'un thermos de café, les voitures jouaient les premières notes de leur valse sur les pavés.

Mon pantalon encore préservé et ma veste sur les épaules, j'entrai dans la danse. Tandis que je me dirigeais vers Châtelet en longeant la rue de Rivoli, j'étais fier de faire désormais partie de cette ville merveilleuse, pas comme un simple touriste. Il me sembla que j'avais passé le concours d'entrée d'une existence qui s'ouvrait devant moi mais dont je ne connaissais pas encore les contours. Je n'avais plus d'angoisses, plus de peurs, j'allais vers mon destin le sourire aux lèvres.

En suivant les nombreuses voitures et camionnettes qui circulaient, je me retrouvai dans le « ventre de Paris », son quartier le plus ancien, les Halles. Devant moi, le fameux pavillon numéro 8, imposant carré fait de verre et de fer. Des dizaines de rangées de piques où étaient accrochés quartiers de viandes et volailles s'étalaient sur une cinquantaine de mètres. Le « Walhalla » des carnivores !

Une nuée d'ouvriers poussaient des chariots aux roues énormes, surchargés de caisses en bois, d'autres portaient des sacs de charbon sur leur dos, le visage noirci comme par des peintures de guerre qui faisaient ressortir leurs yeux et leurs dents, quelques gaillards musculeux, cigarette au bec et tabliers maculés de sang, trimballaient des carcasses d'animaux sur leurs épaules comme des trophées. Une femme bien en chair entourée de dizaines de sacs d'oignons donnait des ordres à ses employés pour la distribution.

Des vendeuses épluchaient avec dextérité des kilos de légumes. Je réussis à me faire offrir quelques fruits et une baguette. J'eus la chance d'observer un monde qui allait disparaître, du fait de la vétusté des lieux et du manque d'hygiène.

Le jardin des Tuileries m'accueillit avec ses énormes grilles en fer forgé ouvertes. Je m'assis sur une chaise près du bassin rempli de poissons et engloutis ma maigre récolte. Je fus à peine distrait par les paroles et les rires d'un groupe d'une dizaine de jeunes hommes portant des sacs de sport. Ils s'installèrent sur un terrain poussiéreux non loin de moi, enfilèrent leurs tenues de football et posèrent rapidement des buts. Six contre six, chaque équipe ayant sa couleur.

L'un d'entre eux, grand gaillard blond et pâle comme un linge, se tourna vers moi et m'interpella. J'anticipais déjà une discussion très courte.

– Moi… pas parler français…

Il me fixa un peu surpris.

– *Bist du Deutscher ? Spielst du Fussball ?*

À moi d'être surpris, son accent était quasi parfait.

– *Ja, du sprichst gut deutsch.*
– *Ich bin Hollander !*

Mon interlocuteur m'expliqua qu'il leur manquait un joueur. Je jouais au football depuis l'âge de six ans plusieurs fois par semaine et avais gagné pas mal de championnats avec mon équipe en tant que libéro, défenseur et attaquant. J'estimais avoir un bon niveau. Il était maître d'hôtel à l'Intercontinental et m'expliqua que les grands établissements organisaient un tournoi annuel, qui allait débuter. Il me proposa d'y participer. Rendez-vous fut pris pour le lendemain, il me fournirait des vêtements de sport.

Le dernier train dans lequel j'étais monté ne m'avait pas porté chance, on m'avait volé bagages et économies, celui-ci semblait autrement plus prometteur. On m'offrait une opportunité incroyable, la seule en vue à vrai dire. Je devais faire des étincelles lors du match, me rendre sympathique et indispensable.

Or, à force de ne manger que des fruits et de boire de l'eau, j'avais des crampes d'estomac, ce qui me valut de visiter toutes les toilettes des bistrots dans un rayon d'un kilomètre. En retrouvant ma chambre à coucher avec vue sur la Seine et après avoir salué mes colocataires sans toit, je décidai de jeûner. Mon futur en dépendait et mes intestins n'allaient pas m'en empêcher !

Lors du match, rien d'autre n'exista hors de ce terrain cabossé. Je donnai tout, et même un peu plus. Nous n'encaissâmes aucun but et gagnâmes avec les honneurs. L'équipe de l'Intercontinental me félicita chaleureusement, et les joueurs me ramenèrent avec eux à l'établissement. J'avais passé mon entretien d'embauche crampons aux pieds et sans cravate ! Je fus engagé le jour même comme commis de rang. Notre équipe allait gagner le championnat « Inter-hôtel » et j'allais être consacré « Ballon d'or 1969 ».

J'acquis ainsi mes tout premiers galons dans l'hôtellerie, là où j'allais aussi rencontrer celle qui allait devenir la mère de mes deux enfants. Je repense aujourd'hui, entouré de mes petits-enfants, en me replongeant dans l'album photo familial, aux premières aventures parisiennes de ce jeune Allemand de dix-huit ans en costume bleu posant fièrement sur le pont de la Concorde, la tour Eiffel derrière lui. Quel bonheur, quelle insouciance… Tout était possible, un simple ballon de foot pouvait changer votre vie.

J'avais un travail, mais ne parlais pas un mot de français. Avec un employé autrichien qui travaillait à l'Intercontinental, nous décidâmes de prendre des cours à l'Alliance française. Ce fut un enchantement ! Nous faisions assez peu de progrès, mais les jeunes et jolies filles y étaient fort nombreuses. Mon apprentissage de cette belle langue se fit de fait sur l'oreiller, j'étais un élève assidu et impliqué.

– Werner, pourquoi es-tu venu à Paris ?

Nous sommes en 2017, au Relais. L'homme qui me pose cette question n'est autre que Michel Polnareff. Après un long exil américain, il est revenu faire une série de concerts à Paris. Tous les après-midi, il vient, accompagné de sa femme Danyellah et de leur fils Louka. Il joue au piano, fait des vocalises, puis nous prenons un moment pour discuter ensemble de tous les sujets : l'éducation, la musique, et Paris.

Lorsque je travaillais à Düsseldorf, un ami nous passait les 45 tours de Polnareff en boucle.

– Michel, ce sont tes chansons et la tour Eiffel qui m'ont attiré ici !

Il me serre dans ses bras.

Les Halles ont déménagé à Rungis, la Défense a jailli de terre, Pompidou a créé son centre, Mitterrand sa bibliothèque et sa pyramide, il y a eu l'achèvement du périphérique, l'aéroport de Roissy, les RER, la tour Montparnasse et tant d'autres découvertes… Mais mon banc près du pont Alexandre III est toujours là, fidèle parmi les fidèles. Je le retrouve tous les jours, souvent Christine m'accompagne. Elle pose sa tête sur mon épaule et nous regardons miss Eiffel, cette tour baroque construite pour l'Exposition universelle de 1889 et qui ne devait pas lui survivre à l'origine. J'ai dans les yeux les mêmes étoiles que ce jour du mois de mai 1969. Les paroles d'Aznavour me reviennent : « *À dix-huit ans, j'ai quitté ma province. Bien décidé à empoigner la vie. Le cœur léger, et le bagage mince, j'étais certain de conquérir Paris…* »

14

Le serveur

Certains jours en empruntant les rues qui me menaient au Plaza, et à sa folle atmosphère de fête, je repensais à ma jeunesse à Altenstadt. Village de huit cents âmes situé à quatre-vingts kilomètres de Munich, traversé par la B19, tristement surnommée *Todestrasse* (« rue de la mort ») à cause des nombreux accidents de la route qui s'y produisaient. Elle relie les Alpes bavaroises et les magnifiques châteaux de Louis II de Bavière aux lacs du Sud. Autant d'endroits où je n'allais jamais. Nous n'allions jamais non plus au restaurant avec mes parents et mon frère. Lorsque je passais devant l'un d'eux, je m'arrêtais et regardais les clients à travers la vitre. Je les enviais tellement. J'imaginais qu'ils devaient être riches pour pouvoir se permettre d'être servis sans jamais avoir à faire la vaisselle. Être privé de choses aussi agréables peut vous forcer à élaborer des stratégies afin de les obtenir autrement.

C'était mon cas, et j'étais plutôt doué. Le dimanche après-midi je me plantais devant la porte du glacier et observais les gens qui y entraient. Je prenais un air de chien dépressif, et ça marchait ! Je me rendais alors en face, chez son confrère et néanmoins concurrent, pour refaire mon numéro.

Curieusement, tous les commerces se comptaient par deux. On allait chez l'un et pas chez l'autre, il fallait choisir son « camp ». Lorsque le commerce « choisi » était fermé, les courageux parents envoyaient leur progéniture faire les courses à leur place dans le commerce ouvert. Nous nous disputions beaucoup avec mon frère Günther, plus âgé que moi de deux ans, pour ne pas avoir à y aller.

Nous nous entendions malgré tout assez bien, mais il régnait un drôle de climat dans notre foyer. Nos parents ne semblaient pas vraiment s'aimer. J'étais très souvent puni, frappé et enfermé. Lors d'une de ces habituelles punitions, je me mis à fouiller la chambre de mes parents. Je trouvai un document attestant que mon père reconnaissait mon frère. Il avait été fait prisonnier lors de la bataille de Stalingrad et n'était rentré en Allemagne qu'en 1948. Ma mère, avec qui il s'était marié avant-guerre, avait eu un enfant en son absence. J'étais sous le choc, jamais nos parents ne nous en avaient parlé, et nous n'en parlerions jamais. J'allai voir mon frère, il avait fait la même découverte quelques semaines auparavant. Voilà de quoi sont faits les secrets de famille que l'on enterre avec les dépouilles.

Mon père, un bel homme qui aimait chanter dans la chorale du village, avec un certain succès, travaillait comme cadre dans une usine de confection pour hommes. Il avait sous ses ordres quatre-vingts femmes, dont certaines très séduisantes, que je regardais défiler tous les jours depuis la fenêtre de ma chambre. Nous habitions un appartement juste au-dessus de l'usine. Tout se passait bien dans l'atelier, jusqu'au jour où il engagea ma mère. Sophie était une rebelle. Aussi grande que mon père, elle avait de longs cheveux noirs qui la rendaient assez impressionnante. Elle s'opposait continuellement à lui à la maison et continua à le faire au travail. Les autres ouvrières commencèrent à passer par elle pour obtenir divers avantages, ou à lui demander des conseils.

À l'heure du déjeuner, elle montait dans le bureau de son mari. On pouvait entendre le son des disputes résonner dans tout l'atelier. Son pouvoir grandissait chaque jour un peu plus au sein de l'usine, et mon père reçut des remarques de sa direction pour son manque d'autorité. Avec le recul, j'imagine qu'il s'est demandé comment reprendre le dessus.

Il acheta une voiture, un vrai luxe à l'époque. Une DKW blanche. Il klaxonnait comme un beau diable, vêtu de son plus beau costume. C'était la sortie du dimanche. Nous empruntâmes la fameuse B19, il conduisait très mal, freinant brusquement, accélérant de nouveau, c'était un calvaire à chaque virage, or ceux-ci étaient fort nombreux. Ma mère se mit à lui hurler dessus afin qu'il ralentisse. Il était totalement concentré sur la route, le haut de son corps collé au volant, mais ne ralentit pas. Elle fut prise de vomissements. Nous

nous arrêtâmes sur une aire d'arrêt, l'odeur était insupportable. Tandis qu'ils se livraient à une énième dispute en public, nous fûmes chargés du nettoyage de la voiture…

Nous arrivâmes enfin à Meersburg, au bord du lac de Constance. C'était magnifique. Les Alpes devant nous, les vignobles à flanc de colline, un sublime château qui trônait majestueusement sur la ville, les vieilles maisons à colombages aux délicates couleurs pastel. Tout était beau, lumineux, à l'opposé de l'endroit où nous vivions.

Tandis que nous marchions au bord du gigantesque lac, ma mère nous invita sur l'une des terrasses ombragées pour y déguster une glace. C'était la première fois que je mettais les pieds dans un café ou un restaurant.

Je le vis arriver. Un garçon élégant, environ trente ans, en pantalon noir, chemise blanche, gilet noir et des chaussures cirées. Il zigzaguait entre les tables avec une aisance qui avait l'air tellement naturelle, prenant les commandes sans rien noter. Puis il revenait quelques minutes plus tard, sourire aux lèvres, portant un plateau qui me sembla gigantesque, avec des assiettes qui formaient une petite pyramide.

J'étais fasciné par cet artiste. Équilibriste nonchalant, il évitait tous les pièges tendus devant lui : des enfants qui couraient partout, un landau, des ballons sous les tables, les clients qui reculaient leur chaise sans crier gare, la canne d'un vieux monsieur posé telle une haie d'obstacles. Il nous apporta nos crèmes glacées, nous souhaita une bonne dégustation. J'ai toujours été gourmand, mais je restai hypnotisé par le serveur qui repartait déjà vers d'autres clients. Je me levai pour aller voir de plus près ce qu'il faisait.

Le hasard, peut-être. Un conseiller d'orientation devait venir la semaine suivante à l'école me demander ce que je voulais faire comme métier. J'avais quatorze ans, mais jusqu'à ce jour je n'avais pas vraiment eu d'idée sérieuse quant à mon avenir professionnel. J'avais noté : conducteur de trains, scaphandrier, moine… Désormais je savais ce que je voulais faire. Je voulais être un Fred Astaire, comme lui.

Il revint encaisser notre commande, toujours souriant. Ma mère lui tendit un billet, il le prit et sortit un grand étui noir en cuir de sa poche arrière, l'ouvrit. Je n'avais jamais vu autant de billets et de pièces. Il nous souhaita une bonne fin de journée et nous nous en allâmes.

Aurait-il pu imaginer à quel point il allait changer ma vie ?

Je dois à cet homme d'avoir été élu deux fois meilleur directeur de restaurant et une des personnes les plus iconiques de la restauration par un jury mondial. Bien des années plus tard, un soir où je chantais *Singing In The Rain* au Relais, lors d'une soirée musicale, je repensai à lui. J'aurais aimé le revoir, et le remercier pour m'avoir ouvert les portes du luxe extrême, où je côtoie les grands de ce monde.

Trois mois après cette sortie au bord du lac de

Constance, je quittai mes parents, mes amis et mon triste village. Je commençai mon apprentissage dans un hôtel d'Ulm sur les bords du Danube. La ville natale d'Albert Einstein et où un jeune chef d'orchestre, alors inconnu, avait fait ses débuts.

15

Karajan

Par une belle fin d'après-midi, alors que je suis chez moi, Radio Classique en fond diffuse un air que je reconnais tout de suite… Des larmes coulent sur mon visage. Herbert von Karajan ! Il a joué ce morceau le 5 octobre 1988 à Paris, quelque temps avant de nous quitter.

Toute sa vie on lui avait reproché d'avoir accepté la place de chef d'orchestre du prestigieux Philharmonique de Berlin en 1937. Il avait dû, pour cela, prendre la carte du parti national-socialiste, c'était le prix à payer. Il avait déclaré : « Je ne suis pas né pour me laisser diriger, je construis ma vie artistique comme je l'entends. »

Client régulier du Relais, il venait là après chaque concert donné à Paris. Le bouche-à-oreille fonctionnait alors à plein régime, et c'était un véritable défilé de haute couture, de queues-de-pie et de nœuds papillon, pour espérer rendre hommage au maître. Marlene Dietrich, elle aussi une habituée, le détestait et l'ignorait superbement lorsqu'elle le croisait.

Je me souviens parfaitement de ma première rencontre avec lui. Il a été la première personnalité que j'ai servie dans ce palace. C'était à la fin de l'été 1973, dans l'appartement 424, qui donnait sur ce qu'on appelle aujourd'hui la Cour Jardin du Plaza. Les géraniums rouges ornaient les balcons de l'hôtel. Je poussai la table du petit-déjeuner.

– Installez-la près de la fenêtre, s'il vous plaît.

Je m'exécute, ouvre la table à rallonge, aligne la magnifique vaisselle Haviland décorée de fleurs de même couleur que les géraniums.

Il s'avance vers la table et regarde fixement ce qui est dessus. Il vérifiait que tout ce qu'il avait commandé était bien là. Le miel, les confitures, l'assortiment de viennoiseries, le jus d'orange, la théière, et l'œuf à la coque de deux minutes quarante-cinq secondes précises.

Le fait de tout contrôler pouvait être mal pris, venant d'un Allemand… Et pourtant, dans un palace, le client doit pouvoir compter sur un service de très haute qualité, sur la perfection. Jusqu'au bout de ma carrière, à soixante-dix ans, j'ai continué à demander à mes collaborateurs de répéter leurs gestes pour atteindre l'excellence : dresser une table, servir, découper une volaille. Tout pour ne pas tomber dans la routine. Herbert von Karajan me permit d'assister à quelques répétitions au Théâtre des Champs-Élysées. C'était très instructif de le voir diriger les musiciens, parfois de façon assez dure. Je me souviens d'une remarque qu'il leur fit, et que je repris à mon compte.

– Messieurs, vous savez que vous faites partie du meilleur orchestre du monde. Je ne suis pas là pour vous féliciter à longueur de journée, mais pour veiller à ce que nous le restions.

Puis il reprit la répétition du concerto numéro 5 de Bach.

Notre métier pourrait se rapprocher de celui d'un orchestre. Éviter les fausses notes et avoir assez répété pour se permettre, le jour venu, d'improviser et pour réaliser un chef-d'œuvre.

J'ai gardé un souvenir très précis de la scène.

Karajan s'installe à sa table de petit-déjeuner, je lui souhaite une bonne journée et je prends congé.

– Attendez, d'où vient votre accent ?

– D'Ulm, cher maître.

– Quel est votre nom ?

– Werner Küchler, maître.

Enfant, je détestais la musique classique, surtout les valses de Vienne. Tous les samedis, à midi pile, la radio en diffusait, c'était un cauchemar pour moi qui aimais Elvis, Paul Anka et Cliff Richard.

Un soir, alors que Karajan rentre d'une répétition qui n'a pas dû se dérouler de la meilleure des façons, je lui sers son repas dans sa chambre. Tout à coup, il me pose une question à bien des égards extraordinaire :

– Werner, avez-vous un peu de temps ?

– Oui, maître, un peu.

– Asseyez-vous. Voulez-vous boire quelque chose ? Un jus de fruits ? Une bière peut être ?

– Non merci, maître.

– Parlez-moi de votre venue en France… Comment êtes-vous arrivé jusqu'ici ?

Tout y passe, ma désertion de l'armée, le vol de ma valise et de mon argent, mon impossibilité de retourner en Allemagne, le manque d'amis, une langue que je ne connaissais pas, mes premières nuits sous le pont Alexandre III. Il m'écoute avec attention, me relançant de sa voix très basse. C'était bien la première fois que quelqu'un, et pas n'importe qui, s'intéressait à moi avec autant de bienveillance. Juste avant que je parte, il me demande finalement :

– Au fait, Werner, vous aimez la musique classique ?

– Malheureusement je n'y comprends rien, maître.

– À demain, Werner.

Je quitte l'appartement d'un pas léger, transformé par l'humanité de ce personnage si singulier.

Le lendemain soir, après le concert qu'il a donné, il rejoint sa chambre et commande son dîner. Je frappe à sa porte, poussant ma table roulante. Il sourit, j'en déduis que la représentation s'est bien passée. Il me propose un verre d'eau.

– Werner, votre histoire est extrêmement intéressante et riche. Saviez-vous que j'avais dirigé l'opéra d'Ulm pendant quelques années ?

– Oui, maître… Je voulais vous dire que je suis très fier de vous connaître…

Un silence. La musique, c'est aussi cette absence de son, ces petits instants suspendus.

– Werner, le but de la vie, c'est d'aller au bout de ce que l'on veut faire, et d'essayer d'atteindre la perfection. La perfection, vous ne l'atteindrez jamais, mais le chemin pour y aller est le plus important. C'est cela, la vie d'un créateur…

Il m'offre alors un disque vinyle qu'il a enregistré avec le Philharmonique de Berlin. Je sors en le remerciant. Une fois la porte refermée, je lis le mot qu'il a écrit sur la pochette : « Chaque réalisation artistique est une victoire sur l'indolence humaine. À Werner, Herbert von Karajan. »

Souvent nous parlions, avec mon amie Ève Ruggieri, du maestro et de son élégance, mot qui revenait à chaque fois…

Quelques années après, alors qu'il dînait parmi nous, je vis qu'il était en compagnie d'un Japonais, Akio Morita, le cofondateur de Sony. Ils étaient en grande discussion, des papiers sur la table, des contrats. Je n'appris que bien plus tard qu'ils étaient en train de formaliser les négociations afin de commercialiser le premier Compact Disc de musique classique jamais édité. Karajan était un perfectionniste, toujours en recherche d'excellence.

Une révolution musicale commençait.

16

Des feutres pour Johnny

Johnny venait quelquefois nous voir, et je dois dire que c'était certainement le seul endroit où il portait un costume-cravate. Grand seigneur, il saluait l'ensemble du personnel avant de me serrer fortement la main en me lançant :

– Ça va, patron ? Un whisky, *please*.

Mon père spirituel, l'académicien Daniel Rondeau, venait de faire une interview au long cours avec lui pour *Le Monde*. C'était en janvier 1998. Une vraie renaissance pour le chanteur préféré des Français. Il s'y livrait comme jamais auparavant, laissant apparaître une grande timidité et son mal-être lorsqu'il n'était pas sur scène.

« Je sais que le bonheur n'existe pas. Il n'y a que la douleur et la solitude. J'en parle souvent parce que je ne peux parler que de ce que je connais. Quand je dis en parler, c'est chanter. » Ainsi commençait l'interview, que Daniel, sa femme Noëlle, Johnny et Laeticia avaient décidé de fêter au Relais.

Ils m'invitèrent à les rejoindre. Daniel leur raconta

mon parcours si particulier, Johnny écoutait avec intérêt. J'avais dans les mains mon livre d'or ainsi que quelques feutres. J'aimais ces instants d'attente, lorsque la personne se mettait à écrire ou à dessiner pour l'« éternité » dans ces pages, en espérant y découvrir un petit chef-d'œuvre. Certains, lorsque je leur présentais le livre, me disaient :

– Enfin, Werner ! Pas trop tôt !

Au fil des ans j'ai été gâté, je conserve ces bouts de vie précieusement, et il m'arrive de le feuilleter et de replonger dans le passé.

Un joli dessin de robe d'Yves Saint Laurent, d'autres du sculpteur César, du designer Philippe Starck, des mots touchants de Jean d'Ormesson, qui rendait hommage à l'homme avec qui il passait « plus de temps qu'avec ses amis »... Ou encore un « bisou » de Kim Basinger.

J'avais sympathisé avec Kim et Alec Baldwin. C'est d'ailleurs lui qui m'avait offert des feutres de couleur. Nous étions en train de boire un verre ensemble, et la voir poser ses lèvres sur la feuille me donna des ailes.

Elle rayonnait à l'écran. Beaucoup gardent un souvenir ému de sa prestation dans *Neuf semaines et demie*. Contrairement à d'autres actrices qui fréquentaient le Relais à côté desquelles vous auriez pu passer sans les remarquer, Kim Basinger dégageait dans la vie aussi un magnétisme assez puissant. J'avais un client fidèle, éleveur de bœufs dans le Cantal, physique imposant, et fan de la belle actrice.

Lors d'un déjeuner, je lui glisse en souriant :

– Monsieur, aujourd'hui voulez-vous déjeuner avec Claudia Schiffer ou avec Kim Basinger ?

Il éclate de rire.

– Werner, vous savez, depuis que j'ai vu le James Bond *Never Say Never Again*, c'est définitivement Kim Basinger !

Je lui indique une table un peu plus loin. Kim et une amie, en train de lui faire un grand sourire. Il devient tout rouge, il semble avoir du mal à respirer. J'ai même peur qu'il ne fasse une syncope. Il retrouve ses esprits puis part dans un fou rire qui devient vite contagieux. Je vivais pour ces petits moments uniques où certaines barrières s'effondrent pendant un instant.

Au moment du café, il me demande ce que j'aurais fait s'il m'avait dit qu'il préférait Claudia Schiffer.

– Jetez un coup d'œil discret à la table d'angle, en face de vous.

Claudia Schiffer, sentant nos regards sur elle, nous offre son plus charmant sourire !

Johnny prit un feutre rouge. J'imaginais qu'il allait dessiner une guitare ou peut-être une moto… Il le reposa, en prit un autre. Il répéta plusieurs fois la même opération, la page désespérément vierge.

Il commence à s'énerver.

– Ils ne fonctionnent pas ces feutres, Laeticia !

– Mais… retire le capuchon !

– Bon… Ça, c'est du vrai Johnny !

Nous éclatâmes de rire, le voir faire preuve d'autodérision était quelque chose…

– Heureusement qu'il n'y avait pas de journalistes ce soir !

Mais ma vie n'a pas été qu'un long fleuve tranquille, loin de là.

17

Berck-Plage

Allongé dans l'herbe grasse du terrain de football, je sentis une douleur intense me vriller le genou droit. La partie s'annonçait pourtant bien. Mes coéquipiers du Plaza, employés et invités fans de ballon comme Francis Huster, étaient en jambes, comme on dit… La mienne avait lâché subitement. Ligaments internes et externes, opération chirurgicale en urgence. Quatre mois de rééducation, en chaise roulante.

Lorsque le chirurgien vint m'annoncer la sentence, je crus voir mon monde s'écrouler. C'était en 1984, en plein été, et j'avais été promu maître d'hôtel au Relais quelques mois plus tôt. J'avais commencé à nouer d'excellents rapports avec les clients, j'étais dans un cocon où je m'épanouissais chaque jour un peu plus. À l'annonce de la nouvelle, de nombreux habitués avaient laissé des messages de soutien au secrétariat de l'hôpital, un couple m'avait même fait livrer une énorme boîte de chocolats, dont je fis profiter tout le personnel soignant.

Mon épouse, en proie à ses démons, fit un passage

mémorable à l'hôpital le lendemain de l'accident. Ses hurlements résonnaient dans tout l'étage lorsqu'elle apprit que je devais rester en convalescence pendant plusieurs mois.

– La campagne ou le bord de mer ? me demande le chirurgien. Vu votre situation familiale, il est impossible pour nous de vous laisser retourner chez vous...

Il fallait que je sois le plus loin possible de Paris, de ma femme. Je choisis la mer.

– Je préfère vous prévenir, ce n'est pas exactement Saint-Tropez... C'est dans le Nord, l'iode vous fera du bien...

– Comment s'appelle la ville ?

– Berck-Plage.

Drôle de nom, pensai-je.

Le voyage en train qui me menait à Berck fut épique. Chaque mercredi, un convoi partait de la gare du Nord avec à son bord toutes sortes de malades, pour la plupart des gens très pauvres, des sans-domicile-fixe ou sans-papiers. Dans un fatras de béquilles, de chaises roulantes et de civières, nous étions entassés comme de pauvres hères. À chaque secousse du train, des petits cris et des gémissements de douleur créaient une symphonie de lamentations. Je serrais les dents, perdu dans mes pensées – mes enfants, mon travail, que je laissais derrière moi.

Enfin, l'arrivée. Des bus nous attendaient sur le parking de la gare. S'il y a bien deux choses que n'importe quel voyageur retient, et plus encore nous autres professionnels de l'hôtellerie : l'accueil et le départ, le début et la fin.

Dans les années 2000, le groupe de rock allemand Tokio Hotel était au pic de son succès. Des centaines de jeunes filles hystériques firent le pied de grue devant le Plaza, attendant leur arrivée. Hélas pour elles, les membres du groupe débarquèrent flanqués de leurs gardes du corps et entrèrent directement dans le hall sans prendre un moment pour les saluer ou signer des autographes. Voir tous ces visages en pleurs m'attristait, certaines avaient patienté là toute une journée pour voir leurs idoles.

Le soir venu ils vinrent dîner au Relais. Je connaissais leur ville d'origine, nous engageâmes la discussion et très vite sympathisâmes. Ils me promirent de consacrer du temps à leurs fans en rentrant du concert qu'ils devaient donner. J'avais repéré une jeune femme parmi les fans qui semblait avoir une certaine autorité. Je l'informai de la bonne nouvelle et lui demandai d'organiser un peu les choses afin que la séance d'autographes ne vire pas à l'émeute.

Lorsqu'ils apparurent devant l'hôtel, ma nouvelle « collaboratrice » fit un job incroyable, elle canalisa les fans, personne n'entra dans le hall en hurlant, et le groupe put aller dîner tranquillement. Je voulus la remercier, je la trouvai assise dehors sur un banc, en pleurs. Elle avait pris sa mission tellement à cœur qu'elle en avait oublié de leur demander un autographe pour elle-même. Un quart d'heure plus tard, elle dînait avec le groupe ! Je lui devais bien cela.

Lorsque nous descendîmes du bus médicalisé, un autre genre de fans nous attendaient. La centaine de convalescents déjà présents était dehors et nous dévisageait. C'était l'animation de la semaine, ils ne voulaient rater cela pour rien au monde. Pas d'autographes ni de crises de larmes pour les nouvelles vedettes. Un bagagiste de fortune plaça mon sac sur mes genoux et poussa ma chaise roulante vers l'entrée, où nous accueillirent deux personnes en blouse blanche. Nos « réceptionnistes » distribuèrent les chambres rapidement, « mon » palace me semblait bien loin désormais. Nous étions six à dormir dans une pièce au premier étage, sans aucune intimité, avec des odeurs désagréables. Je me demandais comment j'allais supporter cela aussi longtemps…

Il me fixait de ses grands yeux noirs en silence. Puis il s'adressa à moi en anglais.

– N'ayez pas peur, je vais m'occuper de vous. Demain je vous ferai visiter la ville, laissez-moi vous préparer un thé.

Le geste était si bienveillant que je ne l'oublierais jamais. Ce personnage étrange s'appelait Kumail. Sans-papiers, il travaillait sur un chantier et était tombé du toit. Ma mine déconfite avait dû lui inspirer de la sympathie, ou de la pitié.

Dès le lendemain de mon arrivée, les cadeaux des

habitués de l'hôtel et des collègues commencèrent à arriver. Des corbeilles de fruits, des boîtes de chocolats, des friandises. Kumail installa une table sur laquelle il disposa les présents puis les autres malades de l'étage et les infirmiers furent conviés à venir se servir. C'était un véritable défilé tous les jours, et Kumail gérait cela de main de maître.

Je passais beaucoup de mon temps allongé dans une chaise longue sur la terrasse face à la mer, un livre à la main. Confucius, Sénèque, je lisais puis laissais mon esprit divaguer en pensant à ce que je venais de lire. Ma vie d'avant me manquait terriblement mais j'essayais de mettre à profit toutes ces heures pour réfléchir à la personne que j'étais et à celle que je désirais devenir.

– Monsieur Werner, Jean-Paul Belmondo au téléphone !

Lorsque je revins vers ma chambre après l'appel, ils étaient tous là à m'attendre. Plusieurs fois par semaine je dus ainsi raconter des anecdotes aux patients, ou au personnel, sur tel ou tel personnage célèbre que j'avais croisé. Un univers qu'ils ne côtoieraient hélas jamais.

James Cimino, un client américain qui venait régulièrement au Plaza et y séjournait deux mois à chacune de se ses visites, m'appelle, lui aussi.

– Werner, j'ai fait une réservation pour nous au Touquet samedi pour le déjeuner. Je viendrai vous chercher !

À 11 heures le samedi suivant, James entre dans ma

chambre. Je m'étais habillé pour l'occasion, costume et chemise blanche, c'était la première fois depuis mon arrivée à Berck deux mois auparavant. Nous avions laissé les fenêtres ouvertes pour chasser les odeurs, il observe la vue sur les dunes et la mer.

– Combien êtes-vous dans cette chambre ? me demande-t-il.

– Quatre aujourd'hui.

– Dépêchez-vous, j'ai réservé pour 12 h 30.

J'étais ravi qu'il invite mes compagnons de galère : Pépé, qui passait le plus clair de son temps à chiquer du tabac, Mohamed, et Kumail.

Après un trajet en Mercedes avec chauffeur, nous voilà arrivés dans un très bel établissement. La scène est un peu surréaliste : un milliardaire flanqué d'une bande d'éclopés sans le sou. Nous nous installons à table. Mohamed, qui n'a jamais été dans un restaurant de sa vie, se met à pleurer lorsqu'il voit arriver son entrée, une terrine de poisson. Pépé regarde dans toutes les directions sans dire un mot, et Kumail reste, comme à son habitude, digne et impénétrable. James commande du vin, l'ivresse ne se fait pas attendre bien longtemps, et les rires qui vont avec.

Le destin et ses revers nous avaient réunis autour de cette table, nous nous fîmes un devoir d'en profiter au maximum.

Les jours défilaient, mon corps récupérait, je me déplaçais désormais avec des béquilles. La fin de mon

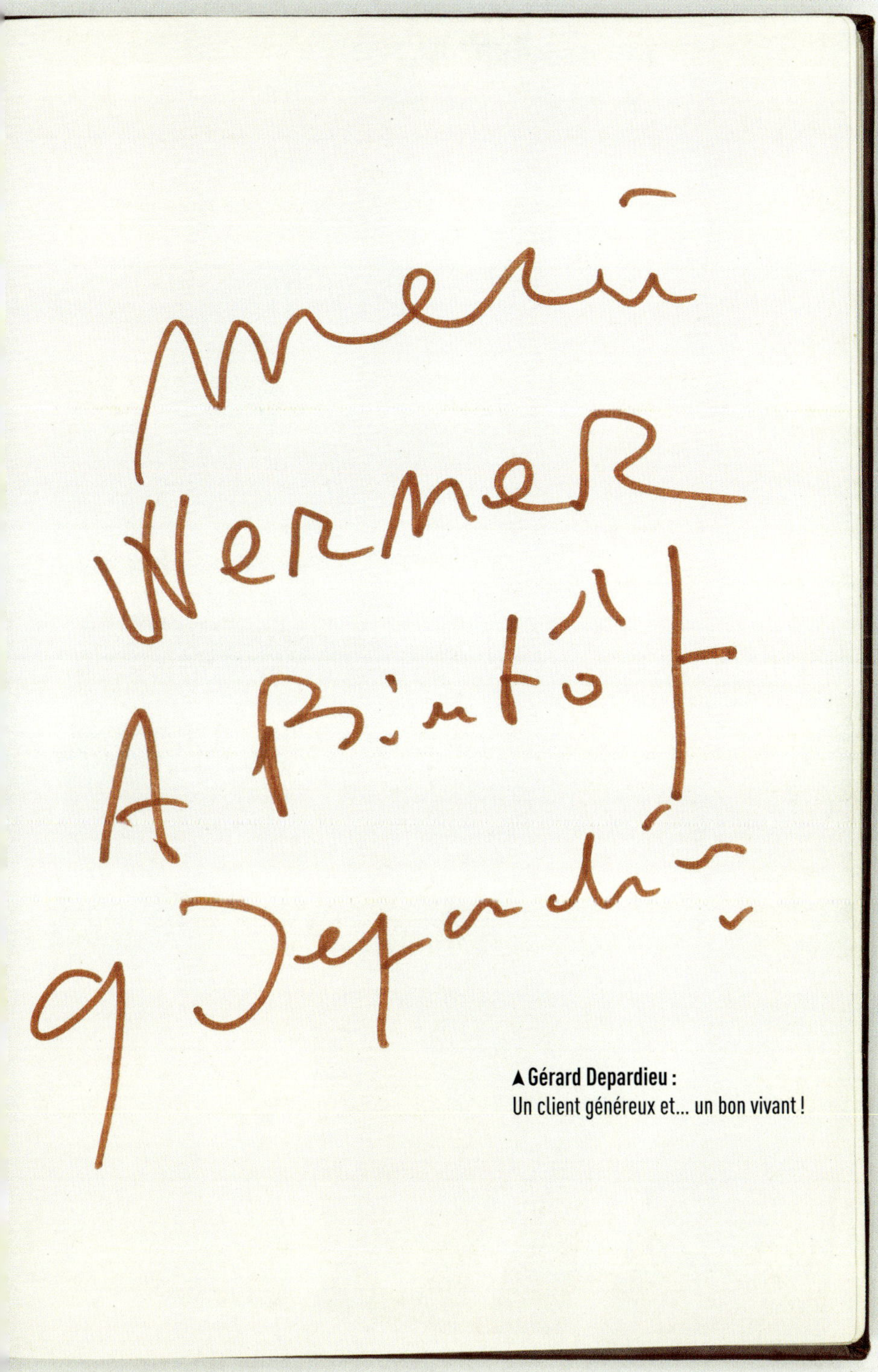

▲ **Gérard Depardieu :**
Un client généreux et… un bon vivant !

▲ **Naomi Campbell :** Nous les hommes, pauvres diables...

▲ **Johnny Hallyday :** Il était prêt pour un joli dessin, foutu capuchon !

15/03

Thank you so
Much, for your kindness
I feel very Parisen
Perect way.
Nan xxx.

Pour l'ami Werner
amical souvenir
Johnny Hallyday

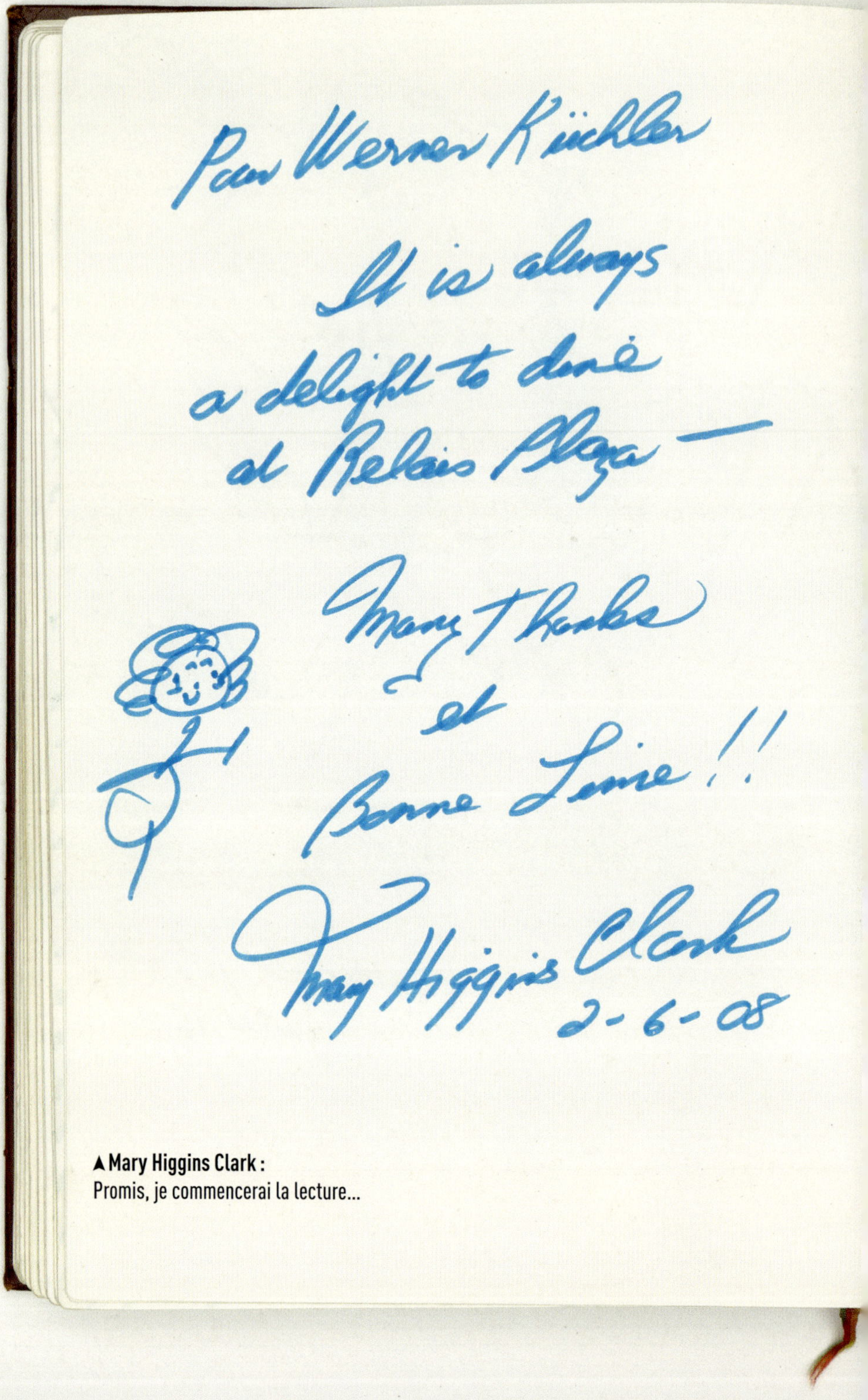

▲ **Mary Higgins Clark :**
Promis, je commencerai la lecture…

Yves Saint Laurent ➤
Notre but commun,
faire rêver les femmes.

◄ Sharon Stone :
Quand je la vois, je pense
au pic à glace de *Basic Instinct*,
bien sûr… Mais j'oublie vite !

▼ Thierry Lhermitte et Jean Rochefort : Deux hommes qui s'appréciaient lorsqu'ils se retrouvaient au Relais…

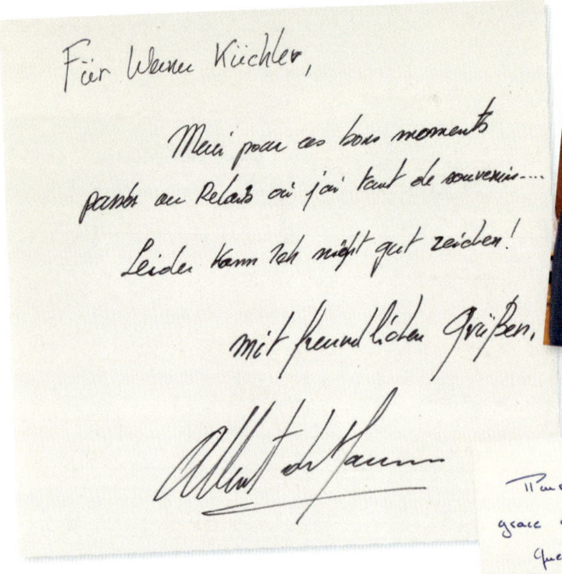
Für Werner Küchler,

Merci pour ces bons moments passés au Relais où j'ai tant de souvenirs....

Leider kann ich nicht gut zeichen!

mit freundlichen Grüßen,

Albert de Monaco

▲**Albert de Monaco :** 10/10 en allemand ! Wunderbar !

Nicolas Sarkozy ➤
Un sacré coup de pédale !

Édouard Balladur ➤
« *Je m'en occupe...* »

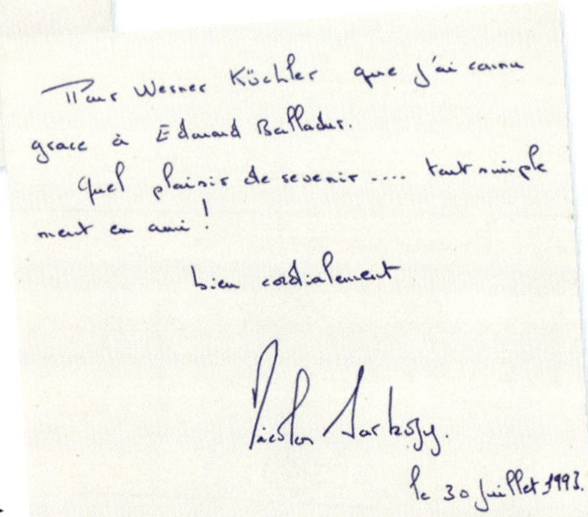
Pour Werner Küchler que j'ai connu grace à Édouard Balladur.

Quel plaisir de revenir .... tout simplement en ami !

bien cordialement

Nicolas Sarkozy.

le 30 juillet 1993.

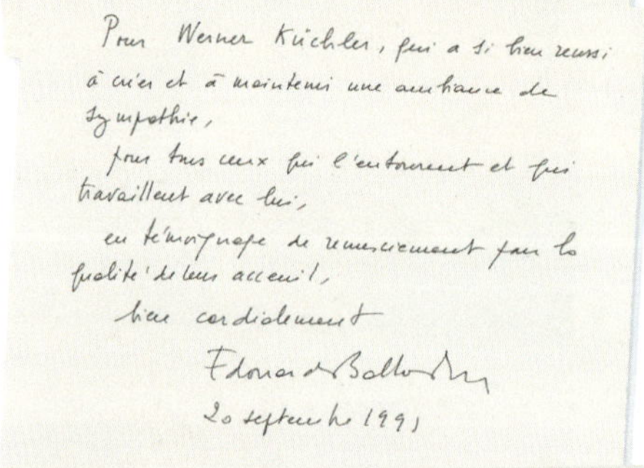
Pour Werner Küchler, qui a si bien réussi à créer et à maintenir une ambiance de sympathie,

pour tous ceux qui l'entourent et qui travaillent avec lui,

en témoignage de remerciement pour la qualité de leur accueil,

bien cordialement

Édouard Balladur

20 septembre 1991

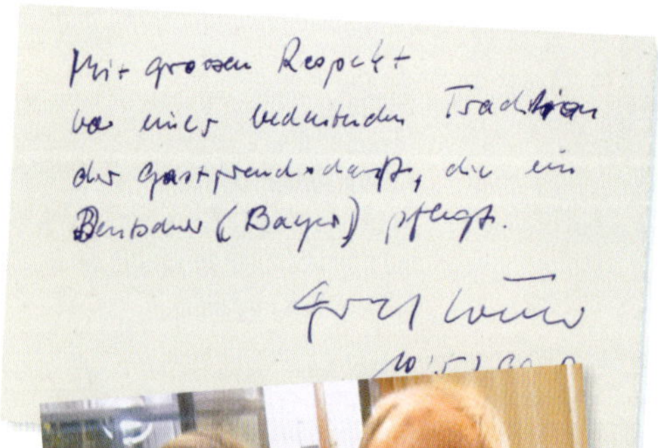
Mit grossem Respekt vor einer bedeutenden Tradition der Gastfreundschaft, die ein Berliner (Bayer) pflegt.

Gerd Schröder

▲**Gerhard Schröder :**
Leben wie Gott in Frankreich.

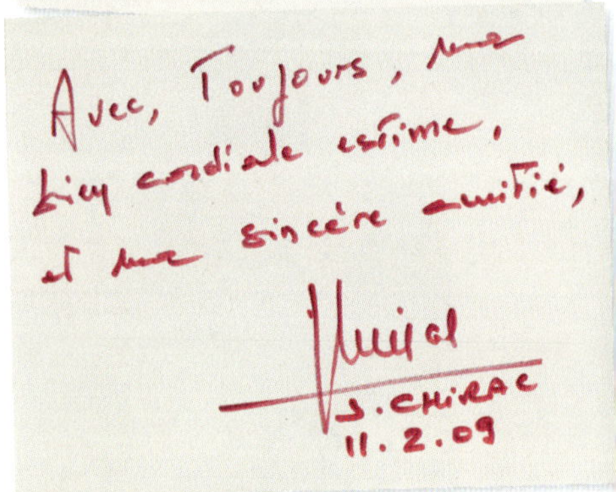
Avec, Toujours, ma bien cordiale estime, et ma sincère amitié,

Chirac

J. CHIRAC

11.2.09

▲**Jacques Chirac :**
« *Werner, quel est le plat du jour ?* »

▼**Serge Gainsbourg :** Que du bonheur et en plus le spectacle est offert.

▼ **Jean d'Ormesson :** Une lumière dans un ciel sombre…

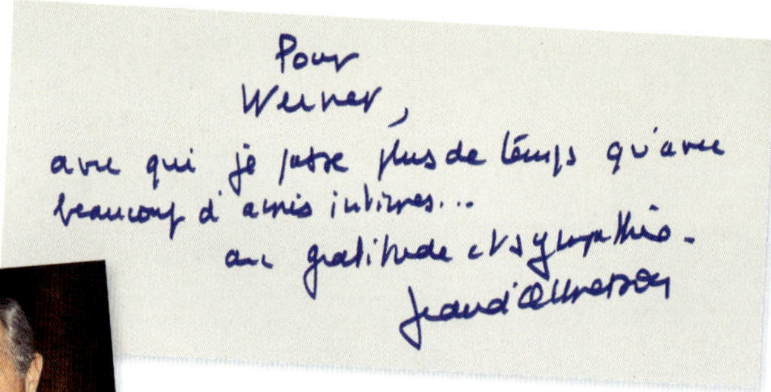

▼ **Marcello Mastroianni :** Deux passions communes, dont le bon vin…

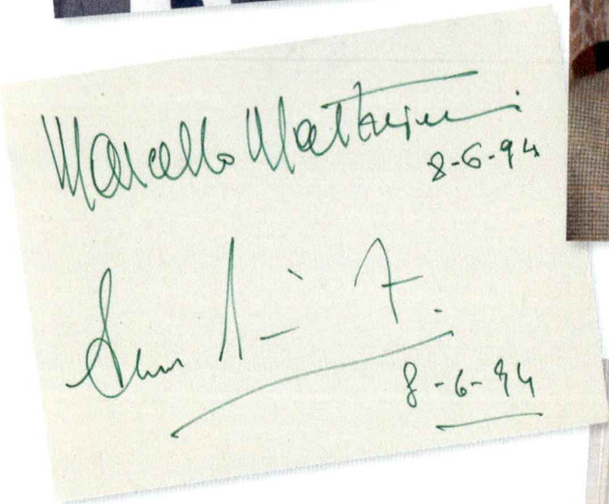

▼ **Al Pacino :** Beaucoup plus drôle qu'on peut le penser.

▼ **Michel Polnareff :** Nous devions nous trouver…

▼ **Françoise Sagan :** Je ne comprenais rien mais ressentais tout.

séjour approchait. Mes enfants me manquaient affreusement, mais j'avais un peu d'appréhension à l'idée du retour à la vie normale. Ici nous étions pris en charge, comme des enfants, tous les problèmes étaient réglés... par d'autres, et je m'y étais habitué.

Au Relais nous avions instauré une règle : les pourboires continuaient à être versés pendant quelques mois en cas de longue maladie. J'avais donc une coquette somme en ma possession, je décidai d'en dépenser une grande partie. J'organisai un grand repas pour une vingtaine de patients dans un restaurant en front de mer. Le retour à l'hôpital fut catastrophique, nous étions tous saouls, incapables d'avancer correctement. Le convoi, composé de personnes en chaises roulantes ou se déplaçant avec des béquilles, zigzaguait dangereusement. Je pressentais déjà l'accueil glacial qu'allaient me réserver les infirmières.

Elles viennent à notre rencontre en courant, je crains le pire...

– Venez voir, c'est incroyable... C'est un rêve !

Toutes les chambres, les bureaux, les salles de soins étaient remplies de bouquets de fleurs impressionnants.

– C'est magnifique ce que vous avez fait là, dis-je aux infirmières.

– Mais non, c'est vous, c'est vous ! répondent-elles en riant de joie.

Manfred et Winny Hoffman, un couple d'habitués, avaient fait livrer des centaines de fleurs en camion. Un mot m'était adressé : « Vous nous manquez tant, cher Werner, revenez avant que ces fleurs ne fanent. »

Tandis que je remonte péniblement vers ma chambre, toujours sous l'emprise de l'alcool, une infirmière me fait savoir qu'une certaine Marlene est en ligne. Marlene Dietrich ! Les paroles de sa célèbre chanson (*Das Lied ist aus*) me reviennent en mémoire : « *Frag nicht warum ich gehe / Frag nicht warum / Was auch immer geschehe / Frag nicht warum* ». Elle pouvait parler des heures au téléphone, alors je prends une chaise. Elle me pose de nombreuses questions, sur mon état de santé, la date de mon retour au Relais, les oiseaux et autres animaux qui vivent là où je me trouve… Je suis sonné de fatigue. Puis, avant de raccrocher :

– Vous nous manquez, il est temps de rentrer. Je vous embrasse.

Toutes ces marques d'affection en quelques heures, c'était bien le signe qu'il fallait que je reparte. Je laissai derrière moi mes compagnons dans un dernier adieu, les yeux humides, et Pépé qui continuait à chiquer son tabac sans bien comprendre ce qui se passait…

18

Ma princesse

Elle était en équilibre. Debout sur la balustrade du balcon, les bras écartés. Elle, mon épouse, la mère de nos deux magnifiques garçons, Stéphane et Cédric. C'était trois ans plus tard, à l'été 1987. J'avais loué une jolie petite maison en Auvergne afin d'essayer de sauver ce qui pouvait encore l'être.

Tout avait commencé quelques années auparavant. Des colères inattendues, des changements brutaux d'humeur. Sa mère souffrait d'Alzheimer et son père avait été diagnostiqué comme schizophrène. Durant ses crises tout y passait – les meubles, mes vêtements, jetés par la fenêtre. Mes 33 tours dédicacés par de grands chefs d'orchestre, détruits. Je travaillais d'arrache-pied au Relais afin de subvenir aux besoins de ma famille tout en sachant que le soir j'allais devoir affronter d'autres soucis. La situation se détériorait de jour en jour, j'avais tout misé sur ces vacances en Auvergne.

Le calme revint, temporairement. Nous allions nous baigner dans des lacs, manger des glaces, nous profitions des petits riens qui font le bonheur de n'importe quelle famille aimante et équilibrée. Puis elle sauta. Par je ne sais quel miracle elle survécut à sa chute. Elle fut internée en hôpital psychiatrique à Clermont-Ferrand. Je dus rentrer à Paris avec mes deux fils, c'était l'école et la reprise au Plaza. Totalement seul pour assumer mon rôle de père et de directeur de restaurant.

– Monsieur Werner, qu'avez-vous ? Je vous sens absent, vous semblez avoir des problèmes… Comment puis-je vous aider ?

Ces mots… Un rayon de soleil qui venait se poser sur moi et éloignait pendant quelques instants l'obscurité dans laquelle j'étais plongé depuis des mois. J'avais l'impression d'être un marin échoué qui soudain, en tendant la main, sent la présence bienveillante qui va le ramener sur la rive.

Une princesse, une vraie. À peine deux ans de plus que moi. Elle avait cette beauté grave, un peu hors du temps, mélange élégant d'une Maria Callas et de la reine d'Égypte Néfertiti. Elle venait au Relais et y organisait de très belles tables avec ses nombreux amis.

– Chère princesse… Ma vie est devenue très compliquée. Je ne peux vous expliquer en quelques mots tout ce que je vis…

J'avais perdu énormément de poids, mon visage était marqué, je n'arrivais plus à sourire.

– Monsieur Werner, nous nous connaissons depuis

longtemps. Je vous apprécie beaucoup. Je suis sûre que je peux vous apporter un certain secours. Voici mes coordonnées, j'habite à deux pas d'ici, venez prendre le thé demain après-midi.

Je m'y rendis. Le gardien, qui faisait office d'agent de sécurité, décrocha le téléphone et avertit de ma présence. Il me guida vers l'ascenseur capitonné de cuir vert olive. Tout exhalait le raffinement ultime, j'allais passer un moment avec une personnalité hors de mon monde. Je fus pris d'une soudaine crise d'angoisse, des gouttes de sueur glacée coulaient dans mon dos.

Une employée m'ouvrit et me demanda de la suivre. Elle m'invita à m'asseoir dans un fauteuil en attendant que la princesse ne me rejoigne. Je jetai de rapides coups d'œil dans l'immense pièce. Des tapis persans, des objets orientaux magnifiques, des bouquets de fleurs de chez Lachaume, le nec plus ultra. Mon regard se figea sur un cadre posé sur le piano Steinway. Une photo de la princesse en compagnie du Shah d'Iran.

– Monsieur Werner, quel plaisir de pouvoir vous voir en dehors de votre travail !

Elle s'approcha de moi, vêtue d'un jean soyeux et d'un chemisier blanc cassé qui mettait en valeur sa belle chevelure brune. Je me levai et tentai un baise-main, sûrement le plus maladroit de toute ma carrière. L'employée apporta le thé sur un plateau d'argent et le déposa sur la table basse, une création du designer

Diego Giacometti. La princesse prit la théière en porcelaine de Limoges et me servit. J'étais déboussolé. Je croisais et décroisais mes jambes, je ne savais pas quoi faire de mes bras, j'étais essoufflé, sur mon front perlait de la sueur. J'essayais d'adopter un langage approprié aux lieux et à la situation, ce fut un échec, je perdis le fil de ce que je voulais dire. Elle eut la délicatesse de ne rien relever de mon malaise, au contraire elle me regardait en souriant avec bienveillance.

D'une voix douce et posée elle me questionna :

– Alors, parlez-moi de ces problèmes qui vous semblent insurmontables…

Était-ce son sourire ? son regard posé sur moi ? Toujours est-il que je réussis à raconter tout ce qui me hantait de façon claire. L'employée entra dans le salon.

– Madame, le chauffeur est arrivé, il demande si vous aurez besoin de lui ce soir.

– J'aurai une course à faire dans une heure, puis nous aurons un dîner ici. Qu'il prenne sa soirée.

Elle se tourna vers moi :

– Werner, votre femme est très malade, vous devez l'aider du mieux possible. Pour elle, mais surtout pour vos enfants.

Je quittai l'immeuble, réalisant à peine qu'une femme sublime m'avait accordé son attention pendant deux heures.

Je réussis à faire sortir mon épouse de l'hôpital, aidé par un spécialiste des troubles comportementaux, qui la prit en charge. Quelques semaines plus tard, elle demanda le divorce et engagea comme avocate maître Gisèle Halimi, grande prêtresse des luttes féministes. Je devins l'homme à abattre, un salaud. Le juge ne tint pas compte de ces longs mois durant lesquels je m'étais occupé de mes fils et d'elle. Elle obtint l'appartement, trois quarts de mon salaire, et, le pire, récupéra la garde des enfants alors qu'elle était malade.

Après un dernier coup d'éclat en plein service, elle me laissa finalement les enfants et partit. Elle décéda hélas quelques mois plus tard. Je n'avais pas pu la sauver, malgré tous mes efforts. Peut-être même ne voulait-elle pas l'être.

La seule et unique personne qui me soutint dans cette nouvelle épreuve fut la princesse. Nos liens se resserrèrent, jusqu'à ce que nous tombions amoureux l'un de l'autre. « *Il faut tourner la page*, dit la chanson de Nougaro, *changer de paysage, le pied sur une berge vierge…* »

Je trouvai un nouvel appartement à cinq minutes à pied du Relais et à une distance encore plus courte de l'appartement de la princesse. Les dîners qu'elle organisait furent pour moi l'occasion d'écouter les conversations des uns et des autres, des gens d'un autre monde : politiciens, acteurs, banquiers, écrivains, chefs d'entreprise…

Absolument tous étaient d'une grande bienveillance envers leur hôtesse. Je commençais à me sentir de plus en plus à l'aise dans cet univers. Tout était facile. Il me fallait prêter l'oreille, ne pas émettre trop d'opinions, reconnaître l'importance de chacun. Je repérais les amateurs de bon vin et veillais à ce que leurs verres soient toujours remplis, donnant la consigne au maître d'hôtel. J'apprenais énormément sur la comédie humaine qui se jouait sous mes yeux innocents.

Mon statut de compagnon de cette jeune et belle princesse veuve suscitait chez certains des réactions surprenantes. Ils essayaient de se servir de moi afin d'obtenir diverses faveurs, tandis que d'autres cachaient derrière un sourire de façade un mépris de classe.

Je savais qui j'étais, où j'étais, et avec qui j'étais. Nous nous aimions.

Vol Air France, première classe, direction Los Angeles. Limousine avec chauffeur, en route vers Beverly Hills. Nous arrivons dans une somptueuse villa entourée de palmiers. Le garage, ouvert, laisse entrevoir une Ferrari, une Lamborghini, une Aston Martin et une « simple » BMW. Elphie, la cuisinière hors pair de ma princesse, m'accueille avec son grand sourire.

– Monsieur Werner, Madame est en ville pour faire quelques achats, je vous sers un thé au bord de la piscine ?

J'admirais depuis la villa la vue incroyable sur Los Angeles, les gratte-ciel au loin transperçant le voile de pollution. Je m'assoupis peu à peu, confortablement installé sur la chaise longue. Un baiser sur le front, assorti d'une caresse dans les cheveux, me ramène sur terre.

– Mon amour, as-tu fait bon voyage ? Je suis tellement heureuse de t'avoir ici avec moi… Viens, que je te montre la maison !

Elle avait un réel talent pour aménager, meubler, créer une atmosphère chaleureuse. Les objets de collection disposés ici et là, ainsi que les bouquets de fleurs disséminés, participaient pleinement à la beauté sereine du lieu. Tout le contraire d'un musée. On circulait librement d'une pièce à l'autre, vingt au total, dans cette bâtisse qui datait de la première moitié du XXe siècle. Ma princesse était resplendissante avec le teint hâlé. J'étais aux anges. Elle était impatiente de m'emmener dîner dans un restaurant fréquenté par le Tout-Hollywood, où l'on faisait d'après elle les meilleures pizzas au saumon. Je n'en avais jamais mangé, j'étais curieux de découvrir ce plat si original qui aurait certainement fait bondir nos amis italiens.

Le patron nous reçut avec tous les égards dus au statut de mon amoureuse. La grande romancière Jackie Collins dînait à côté de nous, je la reconnus et allai saluer quelques clients du Relais. Mais j'étais surtout impatient de me retrouver en tête-à-tête avec celle que je n'avais pas vue depuis des semaines…

Après quelques jours de visite intense de la « Cité des anges », de sessions de vélo dans les montagnes de Santa Monica et un tour à Las Vegas au Bellagio, elle décida d'organiser dans sa villa une soirée pour une centaine de personnes. Tout fut parfait. L'orchestre s'installa sous un petit chapiteau en lin. Le jardinier ajouta fleurs et plantes un peu partout, et le buffet, somptueux, était l'œuvre d'un ancien collègue du Plaza reconverti en traiteur haut de gamme. Quelle ne fut pas sa surprise lorsqu'il me vit aux bras de la princesse… Je devais quant à moi interpréter deux chansons : *Les Feuilles mortes* et *Que reste-t-il de nos amours ?*.

La veille nous nous étions rendus *downtown* afin d'acheter quelques kilos de caviar Beluga. J'avais appris à aimer ce met si délicat, nature, généreusement étalé sur un blinis tiède. Dégusté avec une gorgée de champagne, c'est un des plaisirs les plus divins qu'il m'ait été donné de vivre. Les maîtres d'hôtel et les serveuses passaient avec des plateaux, servant les invités, mais aucune trace du caviar. Cela commençait à m'agacer, je vais voir la cuisinière.

– Elphie, où est le caviar ?

J'avais élevé la voix, ce que ne faisait jamais la princesse, qui gardait en toutes occasions un self-control total.

Elphie était dépitée.

– Monsieur, je suis désolée, l'orchestre a tout mangé. J'ai essayé de les en empêcher…

J'étais hors de moi. Je raconte cette razzia à ma princesse, qui pour toute réponse éclate de rire.

– Écoute, ils n'ont peut-être jamais mangé de si bon caviar ! Et ils jouent si bien… J'ai gardé une boîte de côté pour nous deux, nous allons la déguster à Hawaï dans trois jours…

Elle venait de me donner une belle leçon sur la générosité. C'était un détail pour elle qui devait s'occuper de toutes ses résidences à travers le monde. Un *full-time job*. Elle était souvent absente et devait se mouvoir avec habileté et vigilance dans les zones de pouvoir. J'appris beaucoup à ses côtés, en particulier à savoir détecter les requins qui pouvaient vous entraîner en eaux troubles.

Ainsi, lorsqu'elle me parla d'un certain Madoff, je la mis en garde. Je l'avais connu au Plaza, il était agréable, avenant, bien dans sa peau. Mais il y avait quelque chose chez lui qui me faisait tiquer, un doute. Je déconseillai fortement à ma princesse d'investir le moindre centime avec lui. Elle m'écouta. Bernard Madoff, autrement appelé Bernie, aura escroqué des centaines de personnalités et entreprises pour un montant avoisinant plusieurs milliards de dollars avant d'être arrêté, jugé et de mourir en prison.

À une plus petite échelle, je vécus quelques expériences où mon instinct se révéla juste.

Rita Heulman, cliente VIP, épouse d'un homme qui avait fait fortune dans les cosmétiques, revint au Plaza après une absence de dix ans. On lui déroula le tapis rouge, comme pour un chef d'État. Elle occupait l'appartement le plus cher de l'hôtel et avait installé son QG à la table numéro 9 du Relais. Toute une clientèle féminine richissime s'arrêtait pour discuter avec elle.

Chose étrange, elle était fort agréable avec le personnel, peut-être un peu trop, alors que j'avais gardé le souvenir d'une personne au contraire difficile, voire cassante. Les jours passaient, elle déjeunait et dînait au Relais.

J'avais de plus en plus de doutes. J'aillai voir la direction pour me renseigner sur les règlements qu'elle aurait déjà effectués. Aucun… J'alerte alors mon directeur. J'eus la confirmation de la supercherie peu de temps après. Lors d'un déjeuner, une femme était assise à une autre table, tournant le dos à Rita Heulman. Lorsque celle-ci se lève et quitte la salle, la femme me fait signe de la main. Je me rapproche d'elle.

– Je suis très étonnée qu'elle puisse encore venir ici, me dit-elle. Elle n'a plus un rond !

C'était l'ancienne secrétaire et dernière épouse en date du défunt mari. C'est elle qui avait hérité de toute sa fortune. Rita fut sommée de quitter l'hôtel. Je lui prêtai un peu d'argent, et lorsqu'elle passait au Relais, toujours vêtue de la même robe, je lui servais un verre d'eau et de quoi grignoter. J'étais malgré tout triste pour elle, les femmes qui discutaient et riaient avec elle quelque temps avant l'évitaient désormais soigneusement. Les bruits courent très vite dans le Paris mondain.

Je vécus une très belle histoire d'amour avec ma princesse, douze ans, puis la vie nous sépara. C'était une époque incroyable, je pus toucher du doigt ce que vivent les membres de l'élite. Mais avec le recul, ce n'était pas mon monde, et ça n'allait pas le devenir. Le luxe, les voitures, les plus belles plages, l'attrait de la lumière, l'argent. Tout cela me plut, un moment. J'étais heureux avec elle, mais pas dans cette vie. Nos plus beaux moments avaient été les plus simples : lorsque je lui fis découvrir les balades à la campagne, que nous mangions dans un petit bistrot ou lorsqu'un fermier lui apprit à traire les vaches.

J'en revins riche d'histoires, mais préférant sans hésiter retrouver une vie peut-être plus modeste mais qui me correspondait mieux.

J'étais et je reste un éternel amoureux, c'est le plus important.

19

Une drôle de clinique

Lorsque j'ai commencé à m'intéresser sérieusement aux filles j'étais loin de me douter qu'un jour je partagerais la vie d'une princesse.

Elke fut la première à m'éblouir. J'avais quatorze ans, elle seize. Elle vivait seule avec sa mère. Elke travaillait comme couturière sous les ordres de mon père à l'usine de confection pour hommes. Nous habitions au-dessus de l'usine, et c'est pour elle que je me mis à chanter depuis la fenêtre de ma chambre. Elle avait de longs cheveux blonds, une démarche assurée, provocante, et portait des pulls moulants qui mettaient en valeur sa poitrine.

Très tôt je m'intéressai au sexe opposé. Afin de nourrir cette curiosité dévorante, je déployais toutes sortes de stratégies. J'avais ouvert une « clinique » dans un hangar abandonné de mon village. Délivrer des « ordonnances » était, avec le football je l'avoue, mon passe-temps favori. À la récréation, quelques patientes prenaient rendez-vous. Une fois dans le hangar, je les auscultais, regardais la gorge, les oreilles, prenais leur pouls. Certaines n'hésitaient pas à se mettre nues devant moi.

Elke, qui était plus âgée, me proposa une consultation à domicile. J'étais très nerveux et excité à la fois. Elle me glissa qu'elle vivait seule avec sa mère et que celle-ci serait absente… La luxure est un péché capital, nous enseignait le prêtre dodu au catéchisme. Nous vivions dans un environnement très pieux et ne pas avouer un péché au confessionnal pouvait nous mener tout droit en enfer. Je tremblais comme une feuille lorsque le prêtre me confessait. Il n'était pas avare de questions : le sujet semblait l'intéresser au plus haut point !

J'étais face à la porte, un monde inconnu devant moi. Elke ouvrit, une cigarette à la main. Elle me proposa une bière. Nous étions tous les deux dans le salon, je buvais en me demandant ce qu'il allait se passer et ce que je devais faire. Elle me fixait de son regard intimidant, j'étais tétanisé. Heureusement elle prit les devants et m'invita dans sa chambre. On a coutume de dire que les premières fois sont souvent catastrophiques, tel ne fut pas le cas pour moi. Ce fut sublime.

Quelques années plus tard, alors que nous nous étions perdus de vue, j'entendis parler d'elle. Elle était partie vivre aux États-Unis et avait eu un petit garçon. On disait que le père n'était autre que le baron d'Osterberg qui possédait un magnifique château à cinq kilomètres de mon village. Il y donnait souvent des fêtes et invitait les jolies filles des alentours. Du haut de ses deux mètres, c'était un personnage impressionnant. Il aimait se déplacer à cheval et les chasses à courre qu'il organisait réunissaient un grand nombre de membres de la noblesse.

Un soir d'été 1962, il fit savoir dans toute la région que son amie l'impératrice Soraya allait séjourner dans son château et qu'il invitait les enfants des villages avoisinants à venir l'accueillir. Telle une scène issue d'un conte de fées, une ribambelle de gamins traversèrent la forêt à la nuit tombée, munis de torches, pour venir se poster à l'entrée du château. L'attente fut longue, aucune princesse ou carrosse doré en vue. Puis un majordome vint à notre rencontre et nous invita à quitter les lieux sans explications ni excuses.

Trente ans plus tard je rencontrai le baron au Relais. Celui que tout le monde surnommait Münchausen était un fêtard invétéré. Il avait fait venir des joueurs de cor de chasse et leur avait demandé de se tenir aux quatre coins du restaurant afin d'égayer les invités dans un vacarme joyeux. Nous sympathisâmes, il m'invita à lui rendre visite dans son château.

Ironie de l'histoire, j'avais aussi comme cliente la fameuse impératrice Soraya. Lors d'une de nos discussions j'évoquai avec tristesse le rendez-vous manqué à l'été 62. Elle se mit à rire, chose assez rare, et lâcha :

– Ah, ce Dieter !

Elle n'avait jamais été invitée…

Je rendis visite au baron. À cette occasion je participai à ma première chasse à courre. Le soir venu il donna un grand banquet, j'étais assis à côté de lui. Il fit un petit discours durant lequel il me mit à l'honneur. Nous étions deux Bavarois parisiens qui avions « réussi ». Cela fit le tour du village, et les envieux, les aigris y allèrent gaiement de leurs commentaires acides…

Après quelques verres de schnaps il me raconta sa vie mouvementée. Il avait été chercheur d'or et de pétrole en Amérique du Sud, avait fait des essais en tant que comédien aux États-Unis, travaillé un temps comme boucher, puis avait créé une boulangerie dans le nord de Paris spécialisée dans le pain noir de notre région.

– Au fait, Werner, tu as connu une certaine Elke ? Elle avait ton âge, il me semble…

Sacré baron… Personnage rocambolesque, fantasque, il faisait participer financièrement ses nombreuses conquêtes aux réfections de son château. Sur un mur, des petits médaillons en plâtre censés représenter les généreuses donatrices étaient régulièrement placés, ou déplacés en fonction de la présence de l'une ou de l'autre dans les lieux.

Voilà le genre de personnage que nous avions comme clients…

20

Divorce à l'amiable

Ce soir nous allons avoir une jolie salle, beaucoup de réservations. En me dirigeant vers le Relais je pressens déjà le mouvement, les ondes dans l'air. Ces petites sensations agréables, totalement irrationnelles, qui annoncent une belle soirée. En apparence...

Depuis quelques jours rien d'exceptionnel ne se passe au restaurant. Les services se déroulent bien, dans le bon timing, les gestes sont précis. Il m'arrive, dans de tels moments, de passer la main au maître d'hôtel afin qu'il gagne en expérience. Le poste de responsable du restaurant est stratégique, distribuer les tables, créer l'ambiance, et être reconnu comme tel par les clients ne s'apprend qu'en pratiquant. Chaque table est une petite pièce de théâtre, un tableau vivant, aux couleurs, aux énergies différentes.

Nous avons là un couple d'habitués. La femme est déjà installée avec un invité. Elle a la cinquantaine, une longue chevelure noire, elle est vêtue d'un tailleur-pantalon noir. Elle vient de s'engager en politique. Le mari arrive. Toujours très détendu, le sourire aux lèvres, il est adepte des costumes anglais de Savile Row. Il me prend à part avant de rejoindre sa table.

– Werner, nous avons décidé de nous séparer, ma femme et moi, d'un commun accord. Nous avons d'ailleurs pris le même avocat. Vous savez, ce sera une simple formalité. Lorsque la décision est prise il n'y a aucune raison de perdre du temps. Nous resterons bons amis et avons décidé de régler cela autour d'un bon dîner.

Étonné ? Pour le moins, j'étais assez dubitatif. Un divorce à l'amiable, ça existe vraiment ?

Je l'accompagne, tire la table numéro 60 pour qu'il s'y installe à côté de leur avocat commun et face à sa future ex-femme. Je laisse cependant la table d'à côté libre, au cas où, et leur souhaite une excellente soirée. Le mari me sourit en me faisant un clin d'œil.

Tout au long de la soirée je suis l'évolution de leurs discussions. J'étais curieux d'en connaître le dénouement, alors qu'au même moment je vivais une période sentimentale désastreuse. Je ralentissais lorsque je passais devant leur table, saisissant quelques bribes de phrases, des mots : la Porsche, les couverts en argent, le chien, la maison…

Plus la soirée avance, plus le mari devient rouge. Son sourire et sa décontraction ont disparu. Quant à elle, son visage est de plus en plus pâle. Au milieu, l'avocat ressemble à un rempart entre deux armées qui s'affrontent.

Soudain, avec ses pieds le mari repousse la table

devant lui, qui glisse en plein passage, afin de s'extraire de sa place. Une fois debout, il se met à énumérer de sa voix de baryton tous les biens qu'il possède et sur lesquels Madame allait « pouvoir s'asseoir ». Il s'en prend ensuite à l'avocat, qui se fait traiter de « sale minable », puis il quitte le restaurant non sans m'avoir lancé que l'addition serait pour « ce pauvre con ». L'avocat est sonné, le corps enfoncé dans la banquette.

Un autre soir, pas de divorce ou d'anniversaire en vue, j'avais envie de créer une ambiance, challenge que je me suis souvent imposé à moi-même afin de ne jamais tomber dans la routine. À la table ronde, la numéro 24, huit convives venant du Mexique.

Ils semblent passer un bon moment, un magnum Dom Pérignon, des canapés de caviar, de foie gras, une bouteille de montrachet grand cru et un romanée-conti Richebourg sont de la fête. En règle générale, j'interviens au moment de la commande des desserts. La fin du repas est souvent moins animée, les personnes ont bien discuté avant, il faut relancer le rythme.

– S'occupe-t-on bien de vous ? Y a-t-il parmi vous quelqu'un dont c'est l'anniversaire ?

– Non, mais pourquoi cette question ?

– Si cela avait été le cas nous vous aurions interprété une chanson avec mon pianiste…

– Ah, c'est dommage…

– Mais peut-être pouvons-nous célébrer les anniversaires qui ont eu lieu cette année ?

C'est gagné. Un mille-feuille surmonté de bougies, une fontaine lumineuse, quelques pétales de roses, on baisse les lumières, Sergueï est déjà à son piano.

J'entame *La Vie en rose* en lançant les pétales vers leur table. À la fin de la chanson, la salle applaudit. Les clients se renseignent, prennent des réservations pour les soirées jazz. Les Mexicains sont ravis, en redemandent. Je leur propose de les installer à une autre table, près du piano et de continuer. Nouvelle ambiance pour eux, une autre soirée commence. Gamin, je savais quoi mettre sur l'hameçon pour attraper les truites. Point de gros appâts pour pêcher les plus belles. Et leur donner envie de revenir…

Des bouquets de fleurs, quelques petits fours, j'attends qu'ils passent la commande des digestifs. Champagne Krug et cognac Louis XIII. J'ajuste ma cravate, mes poignets de chemise. Micro en main, je ne suis plus le directeur du restaurant, je fais le crooner avec, au-dessus de moi, l'ombre de Frank Sinatra !

21

Plaza Sporting Club

Grace à une partie de football durant laquelle je m'étais fait remarquer, j'avais pu être embauché à l'hôtel Intercontinental. Je jouais souvent au tennis, mais un autre sport allait changer ma vie. Les très longues heures de travail, le stress, commençaient à user mon corps, j'avais besoin d'une échappatoire, ce fut le vélo. Avec quelques employés nous allâmes faire des tours en dilettante et nous y prîmes goût jusqu'à former une équipe.

Parmi eux, mon ami Laurent Lebourg. Responsable du service des banquets, c'est un tout autre monde que celui de la restauration. Servir tous les invités en même temps, créer une équipe d'extras à chaque nouvel événement, gérer cinq cents invités, comme lors du mariage du prince Albert de Monaco, demande de l'organisation, beaucoup de rigueur et d'anticipation. Tirer une nappe blanche sur une table pour cinquante convives nécessite six personnes, en un tour de force de synchronisation et de concentration, afin de ne pas la froisser et de ne faire aucune tache. Pour les fleurs, des croquis sont réalisés en amont, on y décrit les couleurs, les tailles et les emplacements. Une table de fête demande parfois jusqu'à quatre heures de préparation, une salle entière jusqu'à trois jours, pour finalement parfois tout recommencer parce que l'organisateur a subitement changé d'idée. Tel un feu d'artifice, Laurent et ses équipes regardaient leur œuvre disparaître à la fin de la soirée, un pincement au cœur.

En pédalant, nous refaisions le monde, parlions de nos projets respectifs, et de nos manies, qui pouvaient parfois en agacer plus d'un. Quand Laurent va au restaurant, il ouvre machinalement la salière et le poivrier pour s'assurer qu'ils sont bien remplis. Quant à moi, je ne peux m'empêcher de soulever les verres disposés devant moi pour vérifier leur propreté, et de les nettoyer avec ma serviette, comme un prêtre essuie sa coupe pendant la messe.

Au fil du temps, des clients nous rejoignirent dans ce club d'amateurs. Nous créâmes même un maillot aux couleurs rouges du Plaza. J'appris que le premier vélo, le vélocipède pourvu de pédales, avait été inventé au 29 de l'avenue Montaigne en 1861. Le bâtiment fait désormais partie du Plaza, est-ce un signe du destin ? Les premières courses eurent lieu près de chez nous, sur les Champs-Élysées, et déjà les disputes étaient fréquentes entre équipes anglaises et françaises. Les dandys venaient faire réparer leurs engins chez M. Michaux, où désormais se trouve une bijouterie.

Christian Prudhomme, le directeur du Tour de France, était l'un de nos clients, il devint un ami. Un soir, il vient accompagné de Thomas Voeckler, un coureur bien connu des années 2000 à 2017. Celui-ci aperçoit Teddy Riner, champion médaillé olympique de judo, dans la salle, ils se connaissent. Il va le saluer et discute quelques minutes avec lui. Il revient vers nous et, assez fier, nous demande :

– Vous connaissez l'homme avec qui je viens d'échanger quelques mots, non ?

Christian commence à sourire :

– Bien sûr, c'est Teddy Riner. Mais sais-tu qui est la personne avec lui ?

Thomas répond par la négative. Et son ami de lâcher :

– C'est le roi du Maroc !

Thomas fut bluffé.

Beaucoup d'anciens champions fréquentaient d'ailleurs le Relais : Eddy Merckx, Bernard Hinault, Raymond Poulidor, Cédric Vasseur… Quelle équipe d'amateurs pouvait se vanter d'avoir un ancien maillot jaune, Cédric Vasseur, comme coach ? Cédric vient du Nord, il possède la qualité rare d'être fidèle en amitié, ce qui me tient énormément à cœur. Il me soutint, lorsque, en 2018, je réussis à faire passer le Tour de France par l'avenue Montaigne, devant notre palace. C'était un vieux rêve un peu fou.

Avec Christian Prudhomme, Cédric et Patrick Lefevere, patron d'une équipe belge, nous partagions des valeurs communes : « *No pain, no gain* » (« Il faut souffrir pour gagner »). Le vélo, comme les métiers de la restauration, est une activité dure, parfois ingrate, où il faut sans cesse lutter contre le confort et la facilité pour rester des leaders. Un jour, Cédric me présenta un jeune coureur inconnu qui voulait faire une photo avec moi. Quelques années plus tard, c'est moi qui lui demandai une photo. Julien Alaphilippe était devenu entre-temps double champion du monde… *No pain, no gain*. Et bien entendu, nous connaissions par cœur les paroles d'Yves Montand : « *Quand on partait de bon matin. Quand on partait sur les chemins. À bicyclette…* »

22

Les clefs d'or

Elle referme le magazine et fixe la couverture. Un mannequin en manteau de fourrure, tenant en laisse un magnifique chien blanc qui lui arrive à la hauteur du bassin.

Années 80. La princesse Dario occupe l'appartement 609, qui donne sur l'avenue Montaigne, pendant plusieurs mois. Son mari ne l'accompagne que très rarement. Elle décroche le téléphone pour appeler le concierge.

– Gérard, faites chercher le magazine *V.* et regardez la photo de couverture.

Gérard rappelle un moment plus tard et, le magazine sous les yeux, lui décrit ce qu'il voit. Il craint encore une demande extraordinaire que seuls les concierges des palaces sont capables d'honorer.

Nombre de journaux ont vanté la capacité inimaginable de nos « clefs d'or » à réaliser les demandes les plus extravagantes émanant des clients.

Il faut dire qu'avec Paul Bougenaux, ancien chef

concierge, élu directeur général par le personnel, les nôtres étaient à bonne école. Paul Bougenaux avait des connexions dans le monde entier, connaissait tous les ambassadeurs, les plus grands chirurgiens, les directeurs de tous les palaces, de tous les opéras du monde et nombre de milliardaires. Trouver un avion privé ou un yacht avec équipage en moins de vingt-quatre heures faisait partie de son quotidien.

Tous les ans il organisait, avec le comité d'entreprise, des voyages inoubliables à des prix dérisoires pour ses employés. Nous embarquions pour une destination exotique sans connaître la teneur de ce qui nous attendait une fois arrivés. La surprise cette année-là fut un « dîner » chez l'un de nos clients, un richissime Mexicain. Accompagné par la musique d'un groupe de mariachi, le repas fut exquis, ensuite ce fut un spectacle aztèque avec des costumes incroyables, puis un feu d'artifice tiré dans l'immense propriété, pour finir en beauté, cigares au bec et verres de cognac à la main ! Le lendemain, un tour en hélicoptère au-dessus de la mer, suivi d'une pêche au gros. Paul Bougenaux nous avait, encore une fois, gâtés.

– Bon, Gérard, vous devinez ma demande ? lance la princesse Dario.

– Bien sûr, vous aimeriez ce manteau de fourrure ?

– Pas du tout. C'est le chien que je veux. Trouvez-m'en un et faites-le venir !

Avec les concierges, nous travaillions en équipe,

échangeant diverses informations sur nos clients, leurs manies, ce qu'ils aimaient ou pas. Cela nous permettait de proposer un service plus personnalisé. Je me renseigne sur le chien, c'est un barzoï blanc, un lévrier russe. Cette race a besoin de beaucoup d'exercice en plein air… Ce chien de chasse mesure quatre-vingts centimètres, pèse plus de cinquante kilos, il est craintif, solitaire et méfiant envers les inconnus. Je doutais que nous puissions contenter la princesse.

Il nous arrivait d'avoir des animaux de compagnie plus classiques à l'hôtel. Comme celui d'un couple d'Américains qui occupait la 521. Leur chihuahua ne pouvait faire ses besoins que dans un étui à violoncelle dans lequel poussait un morceau de gazon de leur demeure en Floride. L'étui était disposé sur le balcon, et faisait partie des nombreux bagages qui voyageaient avec eux à travers le monde.

Un autre client oublia sa tortue chez nous. Un de mes collègues proposa de la prendre chez lui. Il avait un jardin et pouvait s'en occuper le temps que le client nous appelle pour la récupérer. Le soir même, à minuit, celui-ci nous annonce qu'il prend un avion pour venir chercher son petit animal. Le lendemain, le collègue arrive, la mine déconfite, avec une boîte entre les mains.

– Werner, nous l'avons cherchée toute la nuit avec ma femme et mes enfants ! Elle a disparu ! Ce matin nous avons fait plusieurs animaleries, on a trouvé celle-ci qui lui ressemble…

Après plusieurs jours de longues et interminables tractations avec des intermédiaires à New York, Gérard trouve enfin un accord : le barzoï et le manteau, tout ou rien. La princesse donne son feu vert.

Le chien arrive enfin, dans une énorme cage, escorté d'un vétérinaire. Nous l'installons dans la chambre de la princesse, face au lit. Lorsqu'elle le voit elle pousse un cri de joie, ce qui terrorise l'animal. Il refuse de sortir de sa cage. Le vétérinaire m'avait donné quelques conseils utiles pour son alimentation. Nous lui faisons préparer un filet de bœuf, du riz basmati et des haricots verts. Le lendemain, le chien est toujours dans sa « prison », la nourriture intacte.

– Werner, je me suis levée cette nuit pour aller le voir, il m'a tourné la tête…

Elle avait l'air malheureuse, je devais trouver une solution. Je reste un moment près de la cage, parlant à l'animal d'une voix douce. Je répète ce manège pendant plusieurs jours, il commence à se détendre, son regard devient moins fuyant. Je propose à la princesse de manger la même chose que lui, chacun son assiette, face à face, pour le mettre en confiance. Victoire, le barzoï sort prudemment de sa cage et dévore le filet. Le pauvre animal n'avait rien mangé depuis son arrivée.

Au bout d'une semaine, tous les deux semblent avoir pris leurs marques, ils se sont apprivoisés mutuellement. Elle est impatiente de pouvoir le promener dehors. Je ne suis pas vraiment rassuré, le chien est plutôt massif et la princesse un peu trop menue. Mais je n'insiste pas. Elle lui met un collier avec quelques pierres précieuses autour du cou, et s'habille du manteau de fourrure qui avait fait partie du « deal ». Elle voulait absolument sortir, je n'avais plus qu'à espérer que tout se passe bien. Elle prend l'ascenseur, son chien en laisse, tandis que je dévale les escaliers pour la réceptionner dans le hall. Gérard, le concierge, est là. Elle apparaît, copie conforme de la couverture de ce fameux magazine qui a déclenché cette aventure. Nous sommes assez fiers d'avoir pu réaliser son rêve. Hélas, notre joie du travail accompli est de bien courte durée. Un client s'approche du chien et s'exclame :

– *What a beautiful dog!*

Le pauvre animal panique, est pris d'une diarrhée subite, et s'enfuit dehors. La princesse en essayant de le retenir se prend les pieds dans le tapis et se retrouve à plat ventre. Un groom, un voiturier et un bagagiste se mirent à courir après le chien sur l'avenue Montaigne, mais il allait beaucoup trop vite pour eux. Le barzoï fut retrouvé tard dans la nuit, épuisé.

La princesse Dario quitta l'hôtel dès le lendemain avec son chien en cage et ne revint plus jamais. Son mari, dont elle divorça quelque temps après, continua de nous rendre visite de temps à autre. Il prenait une suite donnant sur le jardin, loin des bruits de l'avenue et des aboiements…

23

Les *bustomers*

Avec le temps je pus constater que passer sa vie dans ce monde improbable qu'est un palace rendait philosophe. Observer les comportements, écouter pendant presque cinquante ans des milliers de clients donne un bon aperçu de l'âme humaine. Les gens finissent ainsi souvent leur vie comme ils l'ont menée, dans la sérénité et la bienveillance, ou dans l'aigreur et la solitude.

Deux catégories d'individus m'ont toujours profondément agacé : ceux qui gaspillent l'argent et les radins maladifs. Un client et ami anglais, Patrick, les surnommait « *bustomers* », mélange de « *bastard* » et de « *customer* ». Cela me faisait rire.

Le couple Markov en fut un bon exemple. Ils venaient déjeuner tous les jours, occupant une table pour quatre en plein milieu du restaurant. Soixante-dix ans, toujours vêtus de noir, en simili cuir. Monsieur était chauve, grassouillet ; Madame, toute petite, avec un bandeau dans les cheveux qui la faisait ressembler à Olive, la femme de Popeye. Ils commandaient souvent un demi-poulet avec une laitue entière non assaisonnée.

Nous devions leur amener tous les condiments nécessaires ainsi que des plats vides. Elle découpait la salade à même la table, puis préparait une vinaigrette en faisant beaucoup de bruit. Elle s'emparait alors du poulet, qu'elle décortiquait avec les doigts, puis posait les morceaux dans les assiettes. Interdiction absolue d'enlever la carcasse qui trônait sur la table jusqu'à la fin du repas. C'était un véritable champ de bataille, autour, sous et sur la table.

Le moment de l'addition était tout aussi pénible. Ils essayaient par tous les moyens de dépenser moins que ce qu'ils devaient.

Les autres clients assistaient avec une certaine gêne, voire un peu de dégoût, à cette scène. Les plaintes commençaient à s'accumuler. Je tenais bien mon restaurant, de nombreux prix et reconnaissances en témoignaient. Mais ce couple portait un certain préjudice à l'établissement. Il fallait agir, ne plus les recevoir. Mes nombreuses tentatives auprès de la direction restèrent lettre morte, le couple continuait à venir faire son petit cirque.

Comme à d'autres occasions je fis appel aux clients – notre raison d'être –, lesquels se regroupèrent en comité et se plaignirent à qui de droit. Le directeur général n'eut pas d'autre choix que d'agir.

– Monsieur Küchler, nous avons un problème avec vos clients et ce couple… Mettez un terme à cela !

Dès le lendemain, les Markov entrent dans la salle en râlant :

– Vous vous rendez compte, le voiturier n'a pas voulu prendre en charge notre voiture !

À peine le temps de finir leur phrase :

– Mais où est notre table habituelle ?

– Nous avons dû la déplacer près de l'entrée, derrière un paravent.

C'en fut fini de nos deux ogres, de leur vinaigrette et de leurs carcasses de poulet.

Elle mourut en se préparant des œufs au plat sur… un réchaud de camping à gaz, dans le superbe appartement, avec terrasse et plusieurs chambres, du XVIe arrondissement, où ils habitaient et dont ils nous rabattaient quotidiennement les oreilles.

Notre métier requérait une patience à toute épreuve et une santé de fer. Commencer sa journée à 10 h 30, partir en coupure vers 16 heures, lorsqu'il n'y avait pas de réunion. Puis revenir à 19 heures pour le second service qui finissait vers minuit, voire beaucoup plus tard. Cela en usa plus d'un.

Christian, mon maître d'hôtel, âgé d'une cinquantaine d'années, était d'une grande précision dans ses gestes lors du service, et possédait un vocabulaire très riche. Il travaillait sur un manuel de Scrabble durant son temps libre. Grâce à sa haute taille, un mètre quatre-vingt-dix, il surveillait la salle comme depuis une tour de contrôle. Seul hic, il était lent. Ses collègues l'avaient surnommé « semelles de plomb ».

Un sénateur connu à l'époque, Étienne Dailly, avait

souvent des problèmes avec Christian. Celui-ci avait de la repartie, et une coquette somme d'argent mise de côté lui donnait une certaine liberté pour répondre aux clients. Peut-être un peu trop.

Le sénateur, vexé, connaissait bien les horaires de mon maître d'hôtel. La dernière commande ne pouvait pas dépasser 1 h 30 du matin. Il se garait devant le restaurant, une heure avant, et restait assis dans sa voiture, lisant son journal. À 1 h 20, il entrait dans la salle. Il s'installait à table puis bombardait Christian de questions sur les plats proposés, la provenance des vins, pour enfin commander son plat favori : une belle langouste arrosée d'un Puligny-Montrachet premier cru. Il prenait tout son temps pour dîner, s'arrêtait fréquemment pour étudier des dossiers. Enfin il commandait un cognac et le sirotait. Christian bouillonnait, sa nuit était foutue.

Il prit sa retraite plus tôt que prévu.

Autre moment, autre personnage.

« *The Nose* ». Nous l'appelions ainsi entre nous. Je n'avais jamais vu un nez aussi gros. Paul R. était petit, ce qui accentuait la grandeur de son appendice. Les cheveux gris bouclés, il était toujours bien habillé. Il venait plusieurs fois par semaine, à la numéro 17, sur la banquette.

Comme pas mal de mes habitués il ne saluait pas les autres clients. Pourtant, ils s'observaient tous entre eux. Ils n'hésitaient pas à me demander l'adresse du tailleur de leur voisin d'en face, la marque de sa chemise ou ce qu'il y avait dans la petite boîte d'Untel et dont il saupoudrait ses plats. Ils avaient ainsi l'impression d'avoir un contact plus privilégié avec moi que les autres habitués. En réalité, cela faisait partie de mon travail et tout était presque chronométré. Je m'efforçais de donner le même temps à tous, n'hésitant pas à couper court à une discussion trop longue. Je passais ainsi de table en table afin de m'assurer que tout se déroulait bien. Harmonie bien fragile où il fallait éviter de créer des jalousies. Des journalistes m'avaient comparé à un chef d'orchestre qui essaye de maîtriser tous ses pupitres.

« *The Nose* », peut-être pour se venger du fait que j'aie pu accorder un peu plus d'attention à un autre, décida de me rendre la vie pénible.

– Monsieur, je vous somme désormais de ne plus placer de femmes âgées à côté de moi ! Ni d'hommes non plus !

Quatre tables sur sa gauche, trois sur sa droite. Comment faire ?

Le lendemain, deux femmes d'une quarantaine d'années entrent. Blondes comme les blés, l'une d'elles tient un yorkshire en laisse. Soulagé d'avoir trouvé une solution je les place à côté de mon client exigeant. À la fin du déjeuner, il me tance :

– Je déteste les chiens ! Vous avez compris ?

Une autre fois, je place une femme brune avec sa fille à sa droite…

– Vous n'avez toujours rien compris ! Je n'aime pas les brunes !

Il aurait voulu n'avoir que des jolies blondes tout autour de lui, tous les jours... C'était trop. Je décidai d'installer les premiers clients le long de la banquette avant son arrivée sans tenir compte de ses exigences. Il arrive. À sa gauche, deux clientes brunes, à sa droite un couple d'octogénaires accompagné de leur chien qui lapait de l'eau dans une gamelle.

Adios, « *the Nose* » !

Être au service du client a toujours été ma passion, mais parfois il faut savoir se séparer. Et quelquefois on se retrouve entre le marteau et l'enclume, entre les choix de la direction et les clients. J'ai toujours fait face, sans essayer de rejeter la faute sur un autre.

À l'époque de mon deuxième directeur général, un élégant Sicilien, quoiqu'un tantinet farfelu, nous avions sur la carte la truite « au bleu », cuite dans un court-bouillon fort appétissant. Il y avait trois cuisines dans l'hôtel, une pour le restaurant gastronomique, une pour le Relais et une au service des banquets et du jardin. Le directeur décida de tout centraliser en une seule et même cuisine. Les raisons avancées étaient d'ordre financier, il fallait diminuer les charges fixes. Quasiment du jour au lendemain, le chef du « gastro » se retrouva à devoir gérer trois points de vente supplémentaires... J'essayai de m'opposer à cette mesure, en vain. Le Relais était l'endroit le plus éloigné de la cuisine centrale, notre réputation tenait grâce à un service de qualité et extrêmement réactif.

Je voyais déjà les problèmes arriver. Un jour, le chef Barnier confirma mes craintes :

– Cher monsieur, vous connaissez les nouvelles, j'imagine… Écoutez-moi bien, je servirai en priorité les clients du gastro, puis ceux de la Cour Jardin, ensuite les banquets, et puis vous ! Je ne suis pas une pieuvre !

Ses paroles étaient sans appel.

Il fallait trouver des solutions, et vite… Le personnel se mit à préparer tous les plats froids dans l'ancienne cuisine du Relais : assiette anglaise, steak tartare, pâtés en croûte, etc., afin de gagner du temps. Le hic, c'était les plats chauds, les délais étaient beaucoup trop longs.

Un soir, le duc et la duchesse Jean Marie de La Rochefoucauld occupent leur table. Comme à son habitude la duchesse commande la fameuse truite, accompagnée d'une carafe de muscadet sur lie.

Au bout de quarante-cinq minutes, toujours rien, malgré les allers et retours en cuisine pour prier le chef d'accélérer. Devant l'impatience grandissante de la duchesse je dois inventer des histoires qui n'ont pas grand succès. Je lui suggère de prendre une assiette anglaise pour calmer sa faim.

– Werner, ce n'est quand même pas normal dans une maison comme la vôtre ! Vous savez, je peux aller ailleurs… Demain j'appellerai votre directeur. Et rajoutez des frites avec l'assiette anglaise !

– Non, non, s'il vous plaît, madame la duchesse, pas de frites, c'est indigeste le soir !

Le lendemain, le sous-directeur me convoque :

– J'ai encore des problèmes avec vos clients, vous le faites exprès ou quoi ? Êtes-vous incapable de gérer votre service ?

J'essaie de garder mon sang-froid tout en protestant :

– Vous avez la plus belle des Rolls-Royce, mais avec des roues carrées ! Voilà l'histoire du Relais désormais !

La truite « au bleu » fut retirée de la carte, au prétexte que le chef manquait d'employés et que c'était trop compliqué. Il est vrai qu'il fallait extraire le poisson d'un bassin, le tenir fermement sans qu'il vous glisse entre les mains et l'assommer avec un maillet… Les clients se plaignirent de nouveau, le directeur général me fit porter le chapeau, et les truites retrouvèrent le chemin du Plaza quelque temps après.

Certains désagréments pouvaient aussi se transformer en moments de grâce…

Pour son dîner d'anniversaire, la reine consort de Thaïlande Sirikit avait commandé un mille-feuille aux fraises. Or, impossible de le trouver, pourtant mon maître d'hôtel était sûr de l'avoir vu en cuisine.

Mon job, c'était ça : régler, anticiper, passer à l'action le plus vite possible. Le succès, la « gloire », vous la laissez aux équipes. Vous, vous devez vous occuper des problèmes. Votre réputation en dépend.

Je fais venir un jeune employé avec une bonne tête. Je lui étale de la confiture de fraises et du sucre glace sur sa veste blanche, son pantalon, et un peu sur les cheveux.

– Suivez-moi et ayez l'air désolé.

Je me dirige vers la reine.

– Votre Majesté, j'ai un gros problème. Mon garçon a glissé, il est tombé avec votre gâteau d'anniversaire juste derrière la porte. Permettez-moi de vous faire une belle surprise.

– Oh, le pauvre !... Ce n'est pas bien grave, je vous laisse faire !

Je donne tout de suite des indications précises à mon équipe.

– Mettez des fleurs sur la table à roulettes, faites une sélection de toutes les pâtisseries restantes, des fruits rouges frais, des bols de chantilly et des scintillants. Faites-moi signe quand tout est prêt !

Au signal, j'attrape un bouquet de roses qui trônait sur le bar.

La lumière baisse, on allume les scintillants, et en avant jusqu'à la grande table d'anniversaire ! Sergueï pousse le piano pour m'accompagner, je chante *Happy Birthday* et j'enchaîne avec *La Vie en rose*. Je jette une pluie de pétales de roses sur les invités. Applaudissements, la reine est conquise.

Vingt ans plus tard, lorsque sa fille vint au Relais, elle

me parla de cet anniversaire mémorable et me demanda évidemment de lui chanter *La Vie en rose* d'Édith Piaf : « *Des nuits d'amour à plus finir. Un grand bonheur qui prend sa place. Des ennuis, des chagrins s'effacent. Heureux, heureux à en mourir…* »

24

Des tips et des tops

– Werner, pourquoi veux-tu skier aujourd'hui ? Avec ce brouillard on ne voit rien du tout !

Le comité d'entreprise du Plaza nous avait invités une semaine à Courchevel en février 1980. Premier arrivé sur les pistes, dernier parti, j'avais décidé d'en profiter pleinement. Mon ami Heinz m'accompagnait ce jour-là. À l'heure du déjeuner nous fîmes un arrêt fort agréable au restaurant d'altitude. Les jours précédents il avait fallu patienter une bonne heure pour être servis tant il y avait de monde. Le personnel était un peu dépité, une partie des clients étaient en train de se sustenter, les autres jouaient aux cartes pour tuer le temps. Après que les serveurs nous eurent apporté nos plats, j'entamai la discussion avec eux et leur offris à tous une tournée de bière. En partant je laissai un billet pour le service. Les jours suivants, nous n'eûmes plus besoin de faire la queue pour déjeuner, et la table la mieux située, face aux pistes, nous attendait.

« Tip » signifie « *to insure promptness* », « s'assurer de la rapidité (du service) ». Au XVIIIe siècle un restaurateur anglais avait placé un pot avec cette inscription sur le comptoir pour les clients pressés, qui y déposaient quelques pièces pour être servis avant les autres. Le pourboire est arrivé bien plus tard en Europe, il consistait à offrir un verre au personnel en guise de remerciements.

Durant les années 80, cinq établissements parisiens étaient réputés pour la grande générosité de leur clientèle. Le Relais était l'un d'eux. Une longue liste de demande d'embauche existait. Il planait une aura de mystère autour de ce lieu. Le lourd rideau rouge à l'entrée, de grands panneaux noirs, les lumières tamisées créaient une atmosphère très particulière. Une sorte de club privé où personne ne savait ce qui se passait vraiment. Je travaillais au room service de l'hôtel et plusieurs fois j'avais postulé comme chef de rang. Mon salaire ne suffisait plus pour subvenir aux besoins de ma famille, mon deuxième fils allait voir le jour. J'avais trouvé ailleurs un emploi mieux rémunéré. Avec beaucoup de regrets je donnai ma démission.

À ma grande surprise, le directeur général Franco Cozzo me répondit ainsi :

– Monsieur Küchler, nous refusons votre démission, vous aurez le poste que vous avez demandé dans quelques semaines, vous le méritez.

J'étais fou de joie ! Notre vie changea du jour au lendemain. J'étais habitué aux amplitudes horaires importantes, mais désormais c'en serait quasiment fini des soirées en famille. Je faisais mes premiers pas dans un autre monde. Les serveurs avaient tous une très forte personnalité, on comparait la salle à une fosse aux lions. J'étais impressionné et mort de trouille pour mon premier jour au Relais. Le hasard, et la grâce, fit que Marlene Dietrich se trouvait là pour déjeuner. Je ne saurais dire pourquoi mais elle me parla, me rassura et me prit sous son aile pour ce véritable baptême du feu qui devint beaucoup plus doux grâce à elle…

Je m'adaptai, j'appris, jusqu'à devenir directeur de la brasserie. « La Dietrich », comme on l'appelait, venait très souvent. Elle avait séjourné à l'hôtel avec l'amour de sa vie, Jean Gabin. Puis après leur séparation elle avait emménagé dans un appartement de l'autre côté de l'avenue. J'adorais sa façon de parler. Lorsqu'elle m'appelait de sa voix sexy, je faisais exprès de faire semblant de ne pas l'avoir entendue, pour qu'elle recommence.

Il n'y avait pas de règles concernant la redistribution des pourboires, ce qui pouvait parfois créer des tensions entre membres d'une même équipe. Cela pouvait virer à l'obsession pour certains qui ne vivaient que pour les « tips ». Lors d'un vote secret avec les maîtres d'hôtel, il avait été décidé de redistribuer les pourboires de façon équitable à tout le personnel. De plus, afin qu'aucun ne succombe à un billet glissé dans la poche, nous les avions fait coudre.

Je réussis, à force de travail, à faire comprendre aux employés que le pourboire était une conséquence, non un objectif. Notre priorité était le bien-être du client. Donner sans rien attendre, le surprendre, innover, avoir une tenue soignée, le respecter et le servir sans préjugés, éliminer les phrases toutes faites et sans âme… Autant de points que nous travaillions quotidiennement pour essayer de rester au top. Le pourboire prenait une autre signification, plus élégante.

Les résultats ne se firent pas attendre.

Un jeune milliardaire qui passait une semaine de vacances en célibataire au Plaza lors des fêtes de fin d'année venait tous les soirs dîner chez nous. Le soir du 24, il me fit cet aveu :

– Votre staff et vous m'avez, sans le savoir, sauvé la vie. Je me sens tellement bien ici en votre compagnie… J'aimerais voir chacun d'entre vous…

Il avait préparé des enveloppes pour tout le personnel, qui leur permirent de passer de très belles fêtes. Il revint plusieurs années de suite à la même période, distribuant à chaque fois les enveloppes. Nous l'avions surnommé le « messie » et attendions sa venue avec impatience.

Frank, mon fidèle maître d'hôtel, était un supporter du PSG. À plusieurs reprises un client VIP lui fit parvenir des tickets d'entrée en loge, et même des billets d'avion, avec nuit dans un palace, pour aller assister aux déplacements à l'extérieur de son équipe fétiche.

Mon fils Cédric m'appelle un jour de Berlin. Il faisait visiter la ville à sa future femme.

– Papa, ton client, M. Weiser, a fait enlever tous nos bagages de l'hôtel où nous étions pour nous loger dans une suite de l'Adlon ! Le concierge vient de m'appeler pour me dire que notre chauffeur est arrivé, que dois-je faire ?

Refuser aurait vexé ce client. En n'attendant rien, on est parfois surpris de telles démonstrations de générosité, qui sont les fameuses conséquences d'un travail bien fait, où chacun a mis tout son cœur.

Ce client, c'était Siegfried Weiser, un industriel connu. Tous les palaces se battaient pour l'avoir comme client. Il y a trente ans, un soir, il m'appelle. Il est environ 22 heures.

– Monsieur Küchler, écoutez… Je suis entouré d'hommes d'affaires et d'avocats, nous sommes en réunion depuis 11 heures ce matin et l'affaire est au point mort. Pourriez-vous nous livrer un dîner pour une vingtaine de personnes, rapidement ?

Sans même prendre le temps de réfléchir, alors que le Relais est complet, que des clients prêts à prendre la relève attendent au bar, et que nous avons deux membres du staff absents, je lui réponds :

– Bien sûr, donnez-moi l'adresse !

Une heure plus tard le dîner fut servi à la grande satisfaction de tous, et les contrats signés dans la foulée. Depuis ce jour, cet industriel ne fréquenta plus d'autres établissements et loua tous les ans deux étages entiers de l'hôtel pour ses amis lorsqu'il privatisait le Relais pour une soirée festive. Tous les avocats présents ce soir-là adoptèrent la brasserie comme leur nouvelle « cantine », et c'est ainsi que Cédric se fit promener en voiture de luxe à travers Berlin avec sa fiancée ! Nous devînmes amis, j'admirai son élégance mais c'était aussi un être exceptionnel. Il aida financièrement des dizaines de personnes, et même certains employés du Plaza qui traversaient des moments difficiles, sans jamais en faire quelque publicité que ce soit. Il me demanda un jour de choisir quarante personnes pour participer à un repas qu'il voulut nous offrir au sein du bel immeuble qui abrite sa société. Le même repas qu'il avait fait servir au roi de Suède…

« Le roi des pourboires », comme nous l'appelions dans ces années-là, était Diaby, notre cafetier malien. Derrière un petit bar placé au milieu du restaurant il préparait toutes sortes de breuvages : expresso, café turc, américain, cappuccino… Grand, mince, vêtu d'un habit traditionnel turc et coiffé d'un couvre-chef rouge il était particulièrement élégant.

Un soir, le fils âgé de deux ans d'un couple de Suédois en villégiature se mit à hurler en voyant Diaby. L'enfant avait pris peur, la lumière était tamisée, la peau de notre cafetier très sombre, on aurait dit qu'un costume sans visage se déplaçait dans la salle. J'imagine que le petit Suédois n'avait pas l'habitude voir des gens de couleur dans son pays.

Diaby était le chouchou de ces dames. Il « lisait » dans le marc de café et la mousse séchée des expressos toutes sortes de prédictions. C'était fort drôle de les voir l'entourer avant qu'il ne se lance dans un grand numéro de théâtre.

– Diaby, mon fils a trouvé une fiancée, vais-je enfin être grand-mère ?

– Madame, chez nous, on dit : celui qui est impatient d'avoir un enfant épousera une femme enceinte.

Ou encore :

– Diaby, que fera mon fils plus tard ?

– Chez nous, on dit : l'enfant qui a grandi trait les vaches de son père.

Les femmes riaient, applaudissaient, et les billets changeaient de propriétaire…

À une table d'hommes d'affaires qui trouvaient toutes ces femmes bien bruyantes, il lança :

– Messieurs, dans mon village on dit que le coassement des grenouilles n'empêche pas l'éléphant de boire…

Puis un jour Diaby repartit dans son village et ne revint jamais. Je pense souvent à lui. Une machine à café le remplaça, mais ce qu'il parvenait à créer disparut.

Il m'arriva assez souvent de refuser un billet donné trop ostensiblement, comme on jetterait un os à un chien. Personne ne doit vous acheter ou vous soumettre. Nous étions là pour donner du plaisir, mais pas à n'importe quel prix. Mon pourboire à moi, c'était d'avoir toujours quelques bouteilles de champagne Castelnau (celui du Tour de France) dans le coffre de la voiture, à offrir lors de circonstances inattendues ou à déguster avec Christine en amoureux devant un coucher de soleil.

Lors d'un séjour à Ibiza, nous logions dans un très joli petit hôtel avec une vue magnifique sur la mer. Je ne sais pas pourquoi mais j'eus envie d'offrir une bière à un homme qui se trouvait seul au bar lors de notre arrivée. J'aimais son air sympathique. Le lendemain en nous rendant sur la plage réputée, la Cala d'Hort, nous recroisâmes ce bonhomme. Il se trouvait être le responsable de tous les matelas du lieu et un ami du directeur de l'hôtel. Nous passâmes le reste du séjour allongés confortablement sur des matelas et dînâmes à la meilleure table du restaurant.

Offrir sans rien attendre en retour peut réserver d'agréables surprises… Un proverbe latin dit : « Il est beau d'épargner pour être généreux. »

25

J'ai deux pays…

Depuis la terrasse de la jolie maison que nous louons tous les étés dans le Var, je me surprends à contempler le paysage, l'eau turquoise de la Méditerranée à travers les pins, sans éprouver de culpabilité à ne rien faire. Je suis désormais à la retraite. Les balades à la plage, des tours à vélo où il m'arrive de croiser l'ancien président Nicolas Sarkozy et de monter le col du Canadel avec lui, des petits-déjeuners qui traînent en longueur, entourés de nos enfants et petits-enfants. Je profite pleinement de ces moments paisibles après une vie menée tambour battant. Même mon apparence a changé. Lors d'un déjeuner avec un ami cycliste, il a été surpris de me voir arriver barbe blanche et cheveux plus longs.

– Ça te va bien, tu as l'air moins austère !

Austère, le mot est lancé. Un tas d'adjectifs collent à l'âme allemande dont je suis issu. Le sens du devoir, le respect de la hiérarchie, la ponctualité et bien d'autres qualités ont certainement contribué à ma réussite professionnelle en France. Mes origines germaniques ont sculpté peu à peu la réputation de donneur d'ordres que j'avais lorsque j'étais aux manettes du Relais.

J'avais mis en place un petit-déjeuner mensuel pour les équipes afin de faire un bilan régulier : ce qui allait, ce qui n'allait pas et les points à améliorer. Nous étions ouverts sept jours sur sept, midi et soir, avec des employés qui pouvaient ne pas se croiser suivant les plannings. Il fallait maintenir une certaine cohésion pour un service de haute qualité.

Quelqu'un me dit un jour : « Vous êtes le snack le plus cher du monde. » La concurrence était féroce, pour rester au sommet il fallait sans cesse progresser.

J'étais ravi lorsqu'un membre de l'équipe arrivait à déceler une situation à analyser, et proposait un « *always better* ». Comme un sportif, je me concentrais toujours sur les préparatifs avec mon staff, avant le service. Je me plaçais par exemple à l'entrée du Relais, et vérifiais l'alignement des tables dans la profondeur de la pièce. Je travaillais aussi sur les interactions à venir entre le personnel et les clients, dont je connaissais pour beaucoup d'entre eux le caractère. Ajouter une plus-value d'humanité, de chaleur, tout en sachant rester à la bonne distance.

J'avais quelques soucis avec une hôtesse, fort jolie au demeurant. Lorsqu'un client arrivait, elle se précipitait sur lui. Son approche très avenante, peut-être trop, créait des jalousies chez les épouses, et des interprétations de toutes sortes chez ces messieurs. Un après-midi, je décide de lui faire faire des exercices d'accueil et de départ avec un client : moi. Trois fois d'affilée elle vint quasiment se coller à moi, me frôlant de sa forte poitrine.

– Mais je ne comprends pas, monsieur Werner, je ne suis pas trop près de vous !

Je finis par réaliser qu'elle était totalement myope, elle devait quasiment toucher les personnes pour les voir. Une jolie paire de lunettes sur son nez permit de retrouver la bonne distance et d'éviter les « piqûres de guêpe » de nos chères clientes.

La bonne distance, c'était aussi savoir s'adresser de la meilleure des manières au client. Un mot de trop, une phrase mal tournée, il pouvait disparaître et ne plus jamais revenir. Trop de directeurs de restaurant laissaient leur staff commettre ce genre de fautes par peur de passer pour un dictateur, surtout lorsqu'ils étaient face à des employés ayant « de la bouteille ». Pas moi. Je m'efforçais de parler en essayant de trouver le ton juste. Mon bureau était gentiment appelé « le bunker » par quelques employés. Je les recevais, écoutais leurs doléances, leurs contestations s'ils avaient commis une faute en salle. Ma tâche consistait à leur faire prendre conscience du tort qu'ils faisaient, à eux-mêmes mais aussi aux autres membres du personnel et à l'établissement.

Je ne me suis jamais considéré comme un manager, mais plutôt comme un leader. Des dizaines d'années au Relais me permettaient de savoir, peut-être mieux que quiconque, ce qui était bon pour le restaurant. J'avais besoin d'être moi-même pour exercer mon métier pleinement, sans copier des autres, et sans que l'on m'impose quoi que ce soit.

Le recrutement était certainement la partie la plus difficile. Il fallait arriver à déchiffrer le candidat face à soi pour savoir s'il avait vraiment envie de réussir. Je noircissais exprès le tableau lors de l'entretien préliminaire pour tester leur détermination : plus de week-ends libres, fini les petits copains et copines, des journées de travail très longues. Je fus l'un des premiers, dans un palace, à embaucher et à former des apprentis qui venaient de quartiers dits malfamés. Pendant trente-cinq ans nous formâmes ainsi une dizaine de jeunes qui eurent une belle carrière. Lorsque je pris ma retraite, Nicolas Sarkozy m'écrivit un mot : « Je sais ce que vous avez fait pour les jeunes… »

Un garçon qui travaillait comme livreur de charbon se présenta, le visage et les mains noires de suie. Je sentis qu'il avait quelque chose en lui, et acceptai de le prendre, contre l'avis de la direction. Je l'envoyai à l'excellente école Ferrandi lorsqu'il n'était pas de service afin qu'il apprenne les bases du métier.

– Tu dois être le meilleur, meilleur que les autres ici, tu vas ouvrir le chemin pour d'autres…

Il devint l'un des grands maîtres d'hôtel de Paris.

J'engageai également des personnes de couleur, ce qui n'arrivait jamais, surtout au service avec les clients.

Mon ami Serge en fut un des plus beaux exemples. Il fut l'un des serveurs mythiques du Relais, doué d'un sens du relationnel rare, les clients le réclamaient régulièrement. Lors d'un accident qui le laissa hors circuit pendant plusieurs mois, l'un d'eux prit en charge financièrement sa famille afin qu'ils puissent vivre sereinement ce mauvais moment. Serge avait dans son téléphone les numéros directs de plusieurs chefs d'États africains. Lui aussi ouvrit la voie pour d'autres.

Cette façon d'exercer mon métier et ma nationalité firent certainement que je devins pour certains « Werner », pour d'autres « l'Allemand ». Ironie de la vie, les clients allemands me trouvaient trop français pour eux !

L'histoire entre nos deux pays fut faite de moments dramatiques durant la première moitié du XXe siècle, j'évitais soigneusement d'aborder certains sujets. C'était un peu plus compliqué lors de soirées jazz par exemple, quand un client demandait *Lili Marlene* ou d'autres chansons de cette époque.

Ou lors d'un déjeuner, quand Jany, la femme de Jean-Marie Le Pen, me complimenta sur mes performances de crooner !

– Vous savez que mon mari adore chanter, il viendra pour la prochaine soirée jazz et voudra faire un duo avec vous !

– Chère Madame, je ne peux accepter. J'occupe

un poste où je fais du renseignement pour le gouvernement, vous êtes la seule à le savoir, j'aimerais garder cela secret…

Il annula évidemment sa venue.

Lors de la soirée bavaroise que j'avais organisée, l'ex-chancelier Gerhard Schröder me demanda où il faisait, selon moi, le mieux vivre. Avec Serghei, mon pianiste, nous lui interprétâmes, en guise de réponse, *Douce France*.

J'essaie désormais de vivre de façon plus cool. Hier, une automobiliste a légèrement percuté ma voiture, j'ai malgré tout gardé mon sourire ! Enfin presque…

26

Je ne suis pas le serveur du cuisinier

J'ai pour un bon tiers des chefs de cuisine une vraie inimitié. Contre ces chefs qui traumatisent leurs équipes, et certains continuent jusqu'à envoyer apprentis et autres employés se faire soigner à l'hôpital, il faut sans cesse se battre. Il m'est arrivé d'empoigner par le col une de ces stars étoilées, plaquant le malotru contre un mur et le menaçant de porter plainte. Il avait cassé le tibia d'un de ses apprentis en lui lançant un plateau en argent. Un autre avait fait un burn-out car sa tête ne revenait pas au « patron » et qu'il ne lui servait pas son café assez chaud.

Je suis heureux que ces brutes d'un autre temps soient désormais dénoncées. Mon plus grand regret est de ne pas en avoir fait davantage pour les stopper. Leur défense tenait dans le fait qu'ils avaient eux-mêmes subi ces violences en cuisine à leurs débuts.

J'ai moi-même connu de nombreux mauvais traitements pendant mon apprentissage, mais cela ne m'a pas transformé en tortionnaire. J'ai formé des jeunes pendant trente ans sans jamais avoir insulté quiconque. La preuve en est : nous avions le turnover le plus faible de Paris. Les gens aimaient travailler chez nous.

J'ai pour les autres chefs la plus grande admiration. Leur implication est de tous les instants, ils savent transmettre leur savoir-faire, leur maîtrise, l'amour du métier tout en respectant leurs équipes et les serveurs. Même pendant les fameux « coups de feu ». Un bon cuisinier, un bon chef ne fait pas forcément un bon manager, souvent parce qu'il est encore trop jeune.

Je félicite ceux qui jettent l'éponge, épuisés par la course effrénée aux étoiles. Avant de devenir des zombies, ils ouvrent souvent de simples bistrots. Il m'arrive d'en fréquenter certains. Nous parlons de nos familles et de la joie d'avoir trouvé dans ce difficile métier un équilibre entre vie professionnelle et vie privée.

La discussion dévie parfois sur les chefs stars de la télévision. Les temps changent. Par le passé les gens évitaient de dire que leurs enfants travaillaient en cuisine. Ce n'était pas honteux, pas glorieux non plus. Ces nouveaux phénomènes sont riches en « followers » recrutés par des investisseurs pour lancer des nouvelles enseignes. Cela ne me gêne pas en soi, il y a sûrement des chefs talentueux dans le lot, tant qu'ils respectent l'essentiel : la qualité des mets, le service et les employés. Comme dans la publicité, le cuisinier doit désormais faire du « story telling ». Ils prennent des cours, engagent des coachs pour dynamiser leur vocabulaire, inventer des concepts, et travaillent leur look. Malheureusement, à force de fonctionner ainsi, rapidement cela sent déjà le réchauffé.

J'avais vécu les prémices de ces changements il y a plusieurs années déjà. Jadis les clients connaissaient tous les directeurs de restaurants célèbres par leur nom, quant aux grands chefs ils ne pouvaient en citer que quatre ou cinq. Puis ces derniers ont eux aussi voulu leur part de lumière. Ils travaillaient dur, très dur même, ce n'était que justice. Certains, pas tous heureusement, grisés par la reconnaissance, défilaient désormais en salle, en fin de service, afin de récolter les fruits de la gloire. Le client, qui auparavant venait pour la qualité des mets certes, mais avant tout pour l'ambiance, devait se prosterner et remercier le nouveau messie de lui avoir permis de goûter ses créations. Un selfie en guise d'hostie, la messe est dite.

J'ai récemment emmené deux anciens clients, de passage à Paris, dans l'un de ces endroits à la mode. Le service était plus que passable et les plats… Mes convives ne se rappelaient déjà plus ce qu'ils avaient mangé quelque temps après. Mais la déco était « top » et le look des gens « incroyable », selon eux…

J'aime aller dîner dans un routier où j'ai mes habitudes : Les Marches. Le personnel, jeune, y est adorable, les prix sont doux, les plats simples et de qualité. J'y rencontre beaucoup de chefs, critiques gastronomiques et quelques clients du Relais. Le patron a créé ce lieu pour les célibataires qui n'ont pas le temps de faire la cuisine, avec des prix qui leur permettent d'y venir plusieurs fois par semaine. Il pense à ses clients, tout simplement.

Il y a encore des chefs, à la fois doués et modestes, qui préfèrent mettre en avant la qualité de leurs produits. Chez eux, une volaille, une belle sole, une purée de pomme de terre, ou un baba au rhum redeviennent les vedettes. Les clients y vont pour cela. L'ambiance en salle est assurée par le ballet des serveurs, le responsable passe de table en table, les habitués le connaissent bien, c'est lui qui traduit l'âme du chef.

Lors d'une soirée organisée par le Plaza pour fêter mes presque cinquante ans dans la maison, j'ai pu rencontrer le nouveau chef du restaurant gastronomique, Jean Imbert, qui a succédé au célèbre Alain Ducasse avec qui j'ai cohabité, si je puis dire, pendant près de vingt ans. J'ai adoré la façon qu'avait Jean de me raconter comment il travaille les produits, comment il appréhende son métier. Il m'a parlé de certaines préparations qui redonnent aux maîtres d'hôtel la place qu'ils occupaient pendant plus d'un siècle. De nouveau, ils opèrent devant le client avec les découpages, les flambages que la nouvelle cuisine avait tués. Cela m'a rassuré d'une certaine façon : cet endroit magique continuera à briller longtemps, grâce aussi à une équipe de direction formidable, la meilleure avec qui j'ai pu travailler durant ma carrière ; il fallait leur rendre hommage.

J'aimais aussi aller voir nos boulangers et pâtissiers installés dans leurs superbes ateliers au sous-sol de l'hôtel. Dans un calme et une concentration extrêmes, les jeunes apprentis regardaient leurs maîtres réaliser de véritables œuvres d'art. Nous attendions tous les fêtes de fin d'année et la Saint-Valentin pour découvrir leurs nouvelles créations.

Dans un autre registre, les fleuristes ne déméritaient pas. J'ai appris avec eux les saisons des fleurs, des plantes. Certains de nos clients venaient même prendre conseil auprès de ces experts en leur domaine.

Tant de personnes de très haute qualité sont passées dans ces murs ! Je pense en particulier à Robert Éric. Il avait une façon incroyable de préparer les œufs pour les petits-déjeuners. Bénédicte, poché, omelette… Il a même développé une technique qui est désormais étudiée dans les écoles de cuisine. Il passait des petits-déjeuners aux préparatifs du déjeuner au Relais ou au restaurant gastronomique, avec une facilité et un savoir-faire déconcertants. Il est ce genre d'homme qui, invité chez quelqu'un, ouvre le frigo, observe ce qui s'y trouve et le referme quasi aussitôt pour préparer un repas succulent pour dix convives.

Seul, on ne va jamais bien loin. C'est un travail d'équipe, où chacun joue sa partition pour créer une œuvre totale dans un but unique : donner du plaisir.

Le monde évolue, tout s'accélère, mais je suis fidèle à mes valeurs. J'essaie de rester intemporel. Les modes se plient au gré du vent. Ce qui est considéré comme ringard aujourd'hui sera sans doute « tendance » demain.

27

Champagne !

L'épidémie a frappé Paris pile au moment où je devais quitter la scène. J'avais envie de rendre une dernière visite à mon équipe, car nous n'avions pas pu trinquer à mon départ. Presque cinquante ans d'une vie ne s'effacent pas d'un revers de main…

Nous arrivons, avec ma chère Christine, à 23 h 30 devant l'entrée de l'hôtel et croisons l'un de mes habitués, un Italien qui avait appris la nouvelle.

– Venez donc prendre une coupe de champagne, me dit-il, cela me ferait très plaisir !

Mais, surprise ! la sécurité et le concierge m'interdisent l'accès. Je dois expliquer qu'à minuit Cendrillon rentrera sagement chez elle, ils finissent par accepter. Nous arrivons au bar, Christophe est à son poste :

– Ouvrez une bouteille et buvons ensemble !

– Monsieur Werner… Nous avons reçu l'ordre de ne plus…

– Servez-nous, il reste encore vingt minutes avant le couvre-feu…

Le staff semble abattu, que vont-ils devenir ?…

J'essaie de les réconforter mais je sens bien que mes paroles restent en l'air. Je lève mon verre, jetant un dernier coup d'œil à la magnifique fresque de Diane chasseresse qui s'élève derrière le bar. Dire qu'ils avaient voulu changer la décoration ! J'en avais parlé à Édouard Balladur, un fidèle du Relais. Quelque temps plus tard l'œuvre fut classée et devint donc intouchable.

Je salue mon ancienne équipe, nous nous quittons tous sur le trottoir, une coupe de champagne à la main.

Deux ans auparavant, mon directeur général m'avait donné rendez-vous. L'idéal aurait été que je quitte mon poste rapidement, m'avait-il dit, une réorganisation totale devait avoir lieu. Une baisse du chiffre d'affaires, ma mésentente avec le chef et l'urgence de rajeunir la maison expliquaient cette décision brutale soudain urgente. Naturellement je pouvais continuer à animer mes soirées jazz et devenir ambassadeur du Relais…

Quarante-sept ans au Plaza. J'étais le plus ancien cadre du groupe, aucun directeur n'avait tenu aussi longtemps. J'avais fait renaître ce lieu à partir des années 90. C'était ma vie.

Deux semaines plus tard, le directeur général et moi dînons ensemble.

– Qu'avez-vous décidé, Werner ?

– Je partirai le jour de mon soixante-dixième anniversaire, le 28 juin.

– Qu'allez-vous faire après ?

– Je ne sais pas encore. Peut-être chanter, ouvrir

une brasserie dans la Drôme, voyager avec Christine. J'aimerais aussi faire le tour du Kilimandjaro à vélo avec les copains…

Je m'arrêtai là, on verrait bien plus tard. Mais « mon » restaurant était encore bien présent dans mon esprit. Je lui posai la question de l'avenir du Relais.

– Nous ne savons pas encore quoi faire du Relais après vous. Nous avons quelques idées, mais rien de bien concret…

– Monsieur, le Relais est une institution. Le contraire de ces nouveaux restaurants à thème qui sont des feux de paille. Nous avons subi de graves dommages avec les gilets jaunes, il faut refidéliser la clientèle, la mettre au centre de vos réflexions !

– Mais les jeunes d'aujourd'hui veulent autre chose, il faut que nous changions notre façon de faire. Le monde fonctionne différemment, cher Werner…

Je ne voyais pas les choses de la même façon, la moitié de mon équipe avait moins de vingt-cinq ans, et lorsque j'avais une idée de soirée j'en parlais aux clients qui me faisaient des retours. Essayer d'anticiper ce qui allait plaire ou pas sans interroger les principaux intéressés me paraissait une bien mauvaise idée. Les jeunes courent, mais les vieux connaissent le chemin.

Quelques mois de Covid plus tard, Axel Ganz m'appelle. Fondateur du groupe de presse Prisma, dans lequel on trouve *Géo*, *Capital*, *Gala* et cinquante autres titres, surnommé le « tigre de papier glacé », il est avant tout mon ami. Le confinement commence à lui taper sur les nerfs, il veut nous inviter à dîner chez lui. Mon aîné de treize ans, toujours tiré à quatre épingles, a une force et une joie de vivre extraordinaires que partage avec lui sa charmante femme, Renata. Nous admirons la vue sur la tour Eiffel depuis sa terrasse, tandis que résonnent les encouragements au personnel soignant partout dans la ville. Le repas est divin, puis, vers la fin du dîner, Axel porte un toast à notre amitié, à ma fin de carrière et au futur. Nous dégustons quelques eaux-de-vie de sa région, la Forêt-Noire, en nous faisant la promesse d'y retourner dès que possible.

C'est avec lui, Alain Delon et le grand acteur allemand Mario Adorf que nous avions lancé les soirées bavaroises au Relais. Un vieux rêve que j'avais de pouvoir réunir une clientèle haut de gamme autour de plats traditionnels de ma région natale, Leberkäse, Schweinshaxe, Weisswurst, Kartoffelsalat, au son d'un orchestre venu tout exprès de Munich. Les médias des deux pays en avaient parlé, et nombre de politiciens et ambassadeurs avaient tenu à y assister. Une vraie réussite, que je dois en partie aux conseils toujours avisés d'Axel.

Très souvent, je suis félicité pour ma carrière et pour mon travail lorsque je sors dans un restaurant. Quand un membre du personnel ou le patron me reconnaissent et viennent nous saluer, oui, je suis fier, et souvent je me dis : mais en quel honneur, j'ai fait ce qu'il y a de plus facile : l'accueil…

Après ce merveilleux dîner chez Axel et Renata, Christine et moi rentrons à la maison. Cette fois-ci, nous longeons la Seine sur laquelle dansent des centaines d'étoiles que la tour Eiffel dans sa robe haute couture suit avec amusement. Au loin, le pont Alexandre III nous invite à traverser mais nous bifurquons dans l'avenue Montaigne. Nous passons devant l'hôtel.

J'ai rarement vu « mon » Plaza Athénée aussi beau que ce soir de septembre. Depuis mon départ, j'ai pris de la distance. Je vois la vie autrement : peut-être plus juste, plus lumineuse. Les géraniums de l'hôtel me paraissent plus rouges, les marronniers bordant la contre-allée plus majestueux, les lumières sur sa façade plus dorées et les voituriers dans leur tenue blanche encore plus souriants…

Remerciements

Un grand merci à Christine, ma compagne, pour avoir corrigé tant de « fotes » d'orthographe.

Danke schön, Axel et Renata, pour vos conseils et votre soutien depuis les premiers mots.

Merci aussi à Alexandre, mon éditeur, que la providence m'a envoyé, et à Jean-Christophe, avec qui j'ai appris ce qui me manque le plus : la patience…

Composition IGS-CP
Impression CPI Bussière en avril 2022
Éditions Albin Michel
22, rue Huyghens, 75014 Paris
www.albin-michel.fr

ISBN : 978-2-226-47414-8
N° d'édition : 24982/01 – N° d'impression : 2064732
Dépôt légal : mai 2022
Imprimé en France